LE LÉMAN

Charles LENTHÉRIC

LE LÉMAN

AVIGNON

SEGUIN FRÈRES, IMPRIMEURS-ÉDITEURS

13, rue Bouquerie, 13

1885

GENÈVE LACUSTRE ET MODERNE

d'après les relevés de M. H. Gosse (Soc. Hist. et Arch. Genève 1868).

Gravé par J. Sonnet — Paris — Imp. Monrocq.

LE LÉMAN

SOMMAIRE

Variations séculaires du niveau du lac. — Influence de la progression et
du retrait des glaciers du Valais. — Influence des travaux d'endiguement du Rhône et de ses affluents. — Opinions diverses des hydrauliciens de Genève et du canton de Vaud. — Anciens griefs de l'État de
Vaud relatifs à la surélévation des eaux du Léman attribuée aux travaux
et au barrage de Genève.

Niveau du lac à la fin de la période glaciaire. — Époque lacustre. —
Historique des découvertes. — *Palaffittes* des lacs suisses, *Terramares* de
l'Émilie, *Crannoges* de l'Irlande, *Kjoëkkenmoëddings* du Danemark. —
Anciens villages lacustres. — Le lac Prasias d'après Hérodote. — Chronologie archéologique et préhistorique. — Évaluation approximative de
la date de l'époque lacustre. — Physionomie des villages lacustres. —
Armes, ustensiles, maisons, etc. — Chiffre probable de la population.

Genève à l'époque lacustre. — Empiètements sur les limites actuelles du
lac. — Modifications de la ville lacustre aux divers âges de la pierre, du
fer, du bronze. — Absence de l'âge du cuivre. — Succession ininter-
rompue des divers âges. — Niveau du lac à l'époque lacustre.

Exhaussement du plafond du lac. — Volume de l'apport annuel du Rhône.
— Troubles et limons du Rhône. — Capacité du lac. — Comblement
graduel. — Du temps nécessaire pour la transformation complète du
Léman en une plaine d'alluvions.

Le lac et ses admirateurs. — Voltaire et Rousseau. — Le lac connu des
anciens, *lacus Lemannus*, Λεμάνη λίμνη, *lacus Lausonensis.* — Lausanne :
les trois quartiers de la Cité, du Bourg et de St-Laurent. — Genève. —
Topographie. — Ancien confluent du Rhône et de l'Arve. — *Geneva
palustria.* — Quartier St-Gervais, *minor Geneva.* — Le Rhône et le lac
séparant les territoires des Allobroges et des Helvètes. — La grande Séquanaise et la province Viennoise. — Circonscriptions administratives
sous l'empire et circonscriptions ecclésiastiques. — Le pont de Genève.
— Son rôle dans l'histoire de la ville — Le pont sous César et au moyen-
âge. — Son incendie en 1670. — Réunion définitive des deux rives du
lac. — Extension et développement matériel et intellectuel de la ville
moderne. — Les sciences, les lettres et les arts à Genève. — Travaux
actuels entrepris pour l'utilisation de la force motrice du Rhône et la
solution de la « question du lac. »

I

LES principaux cours d'eau qui s'échappent, en rayonnant, du massif du Gothard, si bien appelé « le père des eaux de l'Europe occidentale », semblent porter l'empreinte de cette commune paternité et gardent dans leurs allures, dans leurs lignes générales, dans leur physionomie en un mot, une sorte d'air de famille. Ils présentent notamment une particularité tout à fait caractéristique. Ils creusent d'abord un sillon très profond dans la croupe de la montagne, puis bientôt ce sillon s'élargit, la pente des eaux diminue, la vallée s'ouvre, et le torrent s'épanouit dans un lac tranquille. C'est ainsi que l'Aar remplit les bassins de Brienz et de Thun, qui n'en faisaient qu'un autrefois, que la Reuss a donné naissance au lac des Quatre-Cantons, le Rhin au lac de Constance, la Toce et le Tessin au lac Majeur, le Rhône au lac de Genève.

Tous ces lacs se ressemblent.

Ils ont tous une commune origine. Ils remplissent le même rôle hydraulique; ils constituent un bassin d'approvisionnement et de repos pour les eaux du torrent; ils sont le régulateur de son débit et sa première étape. En amont du lac, les eaux ont une allure essentiellement torrentielle, incompatible à toute sorte de navigation et même au flottage. En dessous le régime s'est régularisé, la pente s'est adoucie; et l'homme, qui n'avait pu jusqu'alors mettre en œuvre les eaux indisciplinées du torrent que comme force motrice, commence à pouvoir les utiliser pour la plus précieuse des industries, celle des transports.

II

Le lac de Genève est le plus grand de tous les lacs qui reçoivent les eaux du Gothard. Mais, bien que sa surface approche de 600 kilomètres carrés, ce n'est qu'un tout petit bassin si on le compare aux grandes nappes lacustres d'eau salée ou d'eau douce disséminées d'une manière fort irrégulière sur l'ensemble des continents.

Dans la catégorie des lacs salés, la mer d'Aral et la mer Caspienne tiennent le premier rang. Fragments détachés de l'immense Méditerranée d'Europe, qui s'étendait jadis de l'océan Glacial au Pont-Euxin, ils n'ont pas moins de 100 à 300 mille kilomètres carrés.

La mer Morte de la Palestine et le grand lac Salé d'Amérique appartiennent à la même famille et, sans avoir les mêmes dimensions, présentent encore des superficies bien supérieures à celles du Léman.

Les lacs d'eau douce sont bien autrement nombreux. Soudés quelquefois les uns aux autres, ils offrent à la navigation une étendue supérieure à celle de la mer Caspienne. En première ligne, il faut citer le chapelet des grands lacs américains situés entre les États-Unis et le Canada et surtout le magnifique groupe presque continu du lac Ontario, du lac Erié, du lac Huron, du Michigan, du lac Supérieur, tous traversés par le Saint-Laurent. Puis viennent les lacs à peine explorés de l'Afrique centrale, le lac Baïkal en Sibérie et l'interminable série des lacs de la Scandinavie et de la Finlande, parmi lesquels le lac Ladoga, à lui seul 30 fois plus vaste que le lac de Genève.

Tous ces bassins sont en réalité de véritables petites mers navigables et naviguées. A côté d'eux, le Léman n'est qu'un modeste réservoir, une simple expansion du fleuve qui l'alimente et le traverse. C'est en un mot le Rhône lui-même, plus large et surtout plus profond.

III

La profondeur est, en effet, une des caractéristiques les plus remarquables des lacs de montagne ; et cette profondeur est souvent aussi grande, quelquefois même supérieure à celle de beaucoup de petites mers.

Dans le golfe de Lyon, il faut s'avancer au large de plus 100 kilomètres pour que la sonde rencontre des fonds de 200 mètres, tandis que l'on constate très fréquemment cette profondeur à quelques brasses seulement des rives des lacs alpins.

La Manche, qui sépare la France de l'Angleterre, est une vaste plaine à peu près horizontale, presque sans relief, à peine recouverte d'une cinquantaine de mètres d'eau. La faible profondeur de ce grand bras de mer, qui ne mesure pas moins de 500 kilomètres de long et dont la plus grande largeur atteint 220 kilomètres, est rendue saisissante et parle pour ainsi dire aux yeux, si on en imagine une réduction à l'échelle de 0,001 par mètre. Cette réduction présenterait une superficie un peu plus grande que la place de la Concorde, assez peu inférieure à l'Esplanade des Invalides et serait recouverte d'une hauteur d'eau qui ne dépasserait pas cinq ou six centimètres. Un petit oiseau, a-t-on pu dire d'une manière pittoresque, mais parfaitement exacte, traverserait en sautillant cette mer en miniature.

La mer du Nord n'a en général que 40 à 60 mètres de profondeur dans sa partie méridionale le long des côtes d'Angleterre et d'Ecosse. La profondeur du Cattégat ne dépasse jamais 80 mètres. Les fonds de la Baltique varient de 30

à 60 mètres ; ceux du Sund et du Grand Belt, de 20 à 30 mètres ; et, en de nombreux endroits, la sonde rencontre, à une
dizaine de mètres à peine, d'interminables bancs de sable et
de vase qui rendent la navigation incertaine et difficile pour
les bateaux de fort tonnage. Ce n'est en définitive que dans
les grandes mers ou dans l'Océan que l'on trouve des profondeurs considérables atteignant et dépassant mille mètres.

Les petits lacs alpins, avec leur profondeur moyenne de
300 mètres, sont donc, relativement à leur faible superficie, si
on la compare à l'immense étendue des mers, de véritables
gouffres.

Il est facile d'ailleurs d'en comprendre la raison.

Les cavités de tous les bassins du globe, — océans, mers,
lacs, étangs, ou simples mares d'eau, — correspondent en
effet presque toujours aux hauteurs des sommets qui les
avoisinent. La pente naturelle des côtes se prolonge au-
dessous de la surface des eaux. Les escarpements des montagnes plongent au dessous de ce niveau, en conservant la
même inclinaison. Un rivage plat et sans relief indique donc
toujours un bassin d'un faible mouillage ; une côte rocheuse
et abrupte est au contraire baignée par une eau profonde.

IV

Les lacs se divisent, d'une manière générale, en trois types
principaux, dont les formes et les contours sont en harmonie avec le relief du sol et l'architecture des montagnes qui
leur servent de ceinture.

Dans les vallées larges, régulièrement dessinées, les amas
d'eau qui proviennent de l'apport plus ou moins considérable
du cours d'eau principal, des affluents secondaires ou des agents

atmosphériques, sont retenus soit par un barrage naturel, soit par l'adoucissement de la pente longitudinale du thalweg, qui affecte une forme concave ; et ces amas d'eau s'étendent suivant une assez grande nappe. La dépression du sol forme ainsi un vaste bassin de repos pour les eaux du fleuve, dont le trop plein se déverse à l'aval par dessus l'échancrure la plus basse du pourtour. Le bassin affecte alors une forme presque toujours ovale et assez allongée ; les pentes latérales sont assez douces, les contours réguliers et adoucis, les anses symétriques et gracieusement rhythmées, les berges plates, les rivages marécageux, les fonds de quelques brasses à peine à une distance assez grande de la côte. Le lac n'est en quelque sorte que l'inondation permanente de la vallée dont le thalveg légèrement déprimé constitue une cuvette en général assez peu profonde. C'est un lac de vallée.

Mais la forme des vallées présente bien souvent une série d'étages superposés et séparés par des cluses étroites. Le fleuve serpente alors lentement sur tous ces paliers échelonnés à différents niveaux ; ses méandres et ses sinuosités baignent et rongent alternativement les contreforts latéraux ; puis, pour passer d'un étage à l'étage inférieur, il se précipite dans des « rapides », et s'engage dans le couloir rocheux et resserré que ses eaux creusent depuis l'origine des temps et dont elles heurtent les parois à pic.

D'autres fois, le défilé, entamé par les eaux pendant la longue durée des âges, s'arrondit en forme de « combe », dessinant une sorte d'amphithéâtre dont les escarpements sont en général moins abrupts que ceux des cluses, mais d'un ordonnancement beaucoup plus grandiose.

Dans l'un et l'autre cas, les eaux arrêtées dans ces passages étroits donnent naissance à des lacs profonds, aux contours pittoresques, aux rives escarpées et chez lesquels la variété et les oppositions des redans, des gorges et des pro-

montoires offrent un caractère de grandeur et de sévère majesté que n'atteignent jamais les lacs de vallée.

Toutefois, il est rare qu'un lac rentre parfaitement dans
cette classification et appartienne exclusivement à l'un des
trois types pour ainsi dire théoriques, — lac de vallée, lac de
cluse, lac de combe — que nous venons de décrire. Le plus
souvent il participe des trois ; et, dans les vallées des Alpes
surtout, dont le relief est très accidenté, les bassins lacustres
empruntent à ces trois types les traits principaux qui les ca-
ractérisent.

V

On peut faire encore une observation fort juste sur le mode
de répartition des lacs alpins par rapport aux directions générales des grands soulèvements des montagnes. Les Alpes
Rhétiques, les Alpes du Dauphiné, celles de la Provence, de
la Savoie, les grandes formations du mont Viso et du mont
Blanc ne donnent naissance qu'à un très petit nombre de lacs
tout à fait secondaires. Les belles nappes lacustres de la
Suisse rayonnent toutes autour du Gothard, qui constitue bien
le véritable centre orographique et hydrographique du puissant massif des Alpes. Il suffit de jeter les yeux sur une carte
de la Suisse pour reconnaître que les lacs du Nord de l'Italie,
de Genève, des Quatre-Cantons, de Constance occupent le
fond de grandes vallées divergentes qui viennent toutes se
réunir au nœud du Gothard.

D'autre part, le système du Jura présente une série de
bassins et de lignes de faîtes parallèles et orientées très régulièrement du Nord-Est au Sud-Ouest, et les eaux retenues
dans les plis des vallées jurassiques doivent naturellement
s'étaler en nappes ayant la même orientation. Tels sont les
lacs de Joux, de Morat, de Neufchâtel.

Or le croisement du système alpin par celui du Jura a dû avoir nécessairement pour effet de modifier les directions convergentes des bassins lacustres aux points de contact des deux systèmes, et il est curieux de vérifier que deux des plus beaux lacs de la Suisse qui se trouvent précisément à la limite du Jura et des Alpes, le lac des Quatre-Cantons et le lac de Genève, présentent dans leur configuration générale la manifestation évidente de leur double origine.

Le pourtour du lac des Quatre-Cantons est, en effet, très nettement étoilé. Le lac se compose en réalité de deux nappes ayant des directions différentes. L'une suit la vallée de la Reuss, qui converge vers le Gothard ; l'autre, qui coupe la première presque à angle droit, est très exactement orientée du Nord-Est au Sud-Ouest, c'est-à-dire dans le sens même de toutes les vallées jurassiques.

De même, le lac de Genève affecte la forme d'un croissant, dont la courbure était encore beaucoup plus accentuée et atteignait presque une demi-circonférence, lorsque les eaux recouvraient toute la plaine d'alluvions récentes qui s'étend de Villeneuve à la cluse de St-Maurice, aux portes du Valais. Toute la partie amont du lac offre les caractères d'un lac alpin ; la partie aval au contraire, du côté de Genève, est baignée par les derniers contreforts du Jura et présente, en cette qualité, l'orientation uniforme de tous les lacs jurassiques. Ces deux lacs vont ainsi à la rencontre l'un de l'autre et s'épanouissent en une vaste nappe, qui s'étend de Lausanne à Evian et rappellent très nettement, par leurs directions et même par la physionomie de leurs rives, les groupes de montagnes desquels ils dépendent.

A la fois lac de vallée, lac de cluse et lac de combe, le Léman est donc en même temps un lac du Jura et un lac alpin.

VI

Certains points de la surface du globe resteront à jamais célèbres dans les annales de la science pour avoir été le théâtre de grandes découvertes. Tout le monde sait que Pascal choisit le sommet du Puy-de-Dôme pour y faire ses premières expériences sur la pesanteur de l'air, qui servirent de point de départ à l'application du baromètre à la mesure des hauteurs. Les eaux du Léman ont donné lieu à deux découvertes du même ordre. C'est en étudiant les couches inférieures du beau lac franco-suisse que de Saussure a constaté que l'eau conserve la même température en été comme en hiver à une certaine profondeur, et qu'elle atteint son maximum de densité à $4°$ $1/2$. C'est dans le même bassin que Colladon a fait plus tard ses belles expériences sur la propagation du son dans les liquides.

Le Léman semble avoir acquis par là une véritable consécration scientifique ; et, poursuivant la voie suivie par leurs illustres devanciers, les naturalistes et les géographes modernes, riverains du lac, l'ont considéré comme une sorte de magnifique laboratoire que la nature offrait à leurs investigations. Ils en ont, depuis quelques années, scrupuleusement enregistré tous les mouvements, toutes les perturbations, ont sondé son fond, étudié son régime, dessiné tous ses contours, décrit sa faune, sa flore et son climat et ont ainsi enrichi la science moderne d'une foule d'observations précieuses, dont la réunion et le classement méthodique constituent une monographie complète du Léman.

Le lecteur trouvera sans doute intéressant d'en connaître au moins le résumé.

La forme général du lac est celle d'un croissant irrégulier, à cornes inégales, dont la concavité est tournée vers le Sud. La corne orientale, du côté du Valais, est beaucoup plus large et d'un contour plus arrondi que la corne occidentale qui va, en se rétrécissant et en s'effilant, jusqu'à Genève.

La longueur du lac est de 73,2 kilomètres environ, mesurée suivant son axe, qui dessine à peu près un arc de cercle de 35 kilomètres 1/2 de rayon et de 120° d'ouverture. Il atteint sa plus grande largeur — près de 14 kilomètres — dans la zone comprise entre Morges ou Lausanne sur la rive vaudoise et les abords d'Evian sur la rive savoyarde.

Le lac se divise d'ailleurs en deux bassins très distincts : le grand lac ou lac Léman proprement dit, et le petit lac plus particulièrement désigné sous le nom de lac de Genève. La superficie totale de ces deux nappes lacustres fort inégales est de 578 kilomètres carrés.

Deux cartes du fond du lac ont été levées avec le plus grand soin ; l'une au 1/12.500, par M. Ed. Pictet, l'autre au 1/125.000, d'après les sondages de M. Gosset, par les soins de l'état major fédéral. Ces deux précieux documents permettent de se faire une idée très exacte de la topographie sous-lacustre du Léman (1).

Et tout d'abord, on reconnaît que les deux directions extrêmes se rapprochent l'une de la grande coupure du Valais, qui pénètre au cœur des Alpes, l'autre de l'alignement général des derniers contreforts du Jura. Le fond du lac, s'il était possible de le voir à nu, se présenterait donc comme une vallée à la fois alpestre et jurassique.

Ce fond, qui est plutôt un plancher qu'une gorge, forme une large vallée profonde de 300 mètres environ, bordée par des talus assez raides. La largeur de ce plancher est de 5 kilomètres

---

(1) F. A. FOREL. — *Carte hydrographique du lac Léman.* — Feuilles 438 bis, 438 ter, 440 et 440 bis de l'atlas topographique de la Suisse, 1874.

en moyenne ; son relief présente très peu d'ondulations. Les accidents du sol ne dépassent presque jamais une dizaine de mètres dans une section transversale du lac. Il n'y a donc point à proprement parler de vallée longitudinale, de ligne de thalweg dans l'axe de cette plaine sous-lacustre et nivelée. Tout au contraire, les sondages ont permis de constater une légère saillie médiane, une sorte de crête qui sépare deux vallées latérales assez nettement dessinées et qui s'abaissent jusqu'à la rencontre brusque des talus inclinés des deux rives. Ce renflement bombé, qui forme un véritable petit monticule, est très probablement le prolongement du cône d'alluvions du Rhône à son entrée dans le lac ; il est entièrement formé par les apports du fleuve, qui sont ainsi charriés et alignés par le courant dans l'axe même du bassin. Sur ce tapis régulier et monotone de limon fin, la sonde ne rencontre aucune inégalité brusque, aucun corps dur, ni rocher, ni moraine glaciaire, ni blocs erratiques. Tout est enseveli sous la vase.

Les talus qui bordent cette plaine noyée présentent une inclinaison assez variable. Cette inclinaison atteint son maximum presque au fond du lac, sur la côte de Savoie entre la Meillerie et St-Gingolph, où la profondeur est de 250 mètres environ à 500 mètres à peine du rivage. Devant Evian et Ouchy, la pente, déjà beaucoup plus douce, n'est que de 100 mètres en moyenne pour un kilomètre. D'une manière générale, la pente des talus va en s'adoucissant de l'amont à l'aval. A l'extrémité orientale de la corne valaisanne, au pied des grands contreforts des Alpes, elle dépasse parfois 50 pour 100 ; il y a là de véritables abîmes à pic et des gouffres profonds. Dans la partie occidentale du lac, au contraire, les escarpements diminuent ; toutes les montagnes s'abaissent à mesure qu'on s'approche de Genève ; les talus sous-lacustres qui prolongent au-dessous du niveau du lac les faibles pentes des collines jurasiennes n'ont que 10 et quelquefois même 5 pour 100 d'inclinaison.

Quant à la vallée elle-même qui forme le plancher du lac, elle varie naturellement dans sa profondeur, d'une manière progressive et régulière, depuis la sortie du Valais jusqu'au déversoir de Genève. A son origine, au pied du cône d'alluvions du Rhône, cette profondeur est de 60 mètres ; elle atteint 80 mètres devant le château Chillon, 90 devant Veytaux, 100 devant Monteux, 190 en face de Vevey ; elle augmente ainsi graduellement, suivant une pente moyenne de 10 pour mille jusqu'en vue d'Ouchy et d'Evian. Là commence la plaine presque horizontale dont nous avons parlé, qui s'allonge sur 5 kilomètres de largeur moyenne, se maintenant sensiblement à 315 mètres au dessous du niveau ordinaire du lac. Celui-ci étant lui-même à l'altitude de 372 mètres, le fond moyen de la cuvette du Léman se trouve donc à une cinquantaine de mètres seulement au dessus du niveau de la mer.

Les deux points les plus bas de cette plaine sous-lacustre, sont situés sur la ligne qui traverse le lac du port d'Ouchy au port d'Evian. Le premier, qui est à 334 mètres de profondeur, se trouve au tiers environ de cette ligne à partir d'Evian ; le second, qui est à 324 mètres, se trouve à 3 kilomètres 1/2 au Sud du môle d'Ouchy. En somme, la plus grande dépression du lac n'est qu'à 38 mètres au dessus du niveau de la Méditerranée.

A partir de cette plaine, la profondeur diminue, la vallée remonte et se soulève peu à peu, suivant une inclinaison de 8 sur mille jusqu'à la limite du grand lac. Là se trouve une véritable barre joignant les deux promontoirés d'Yvoire et de Promenthoux, et qui forme une séparation très nette entre le Léman et le lac de Genève, entre le grand et le petit lac. Après ce seuil, sur lequel la sonde accuse une profondeur maximum de 60 mètres, on quitte le grand réservoir alpestre et on entre dans le petit bassin jurassique. La profondeur du petit lac atteint d'abord 70 mètres, presqu'immédiatement après le seuil ; mais elle diminue bientôt, et le fond remonte, par une série d'étages et de cuvettes séparés par des seuils transversaux, jusque dans le port de Genève, où il n'est plus que d'une vingtaine de mètres.

En résumé, l'étude de la carte hydrographique du Léman permet de donner les chiffres suivants avec une certaine approximation.

La profondeur moyenne du grand lac peut être évaluée à 3oo mètres, celle du petit lac à 5o mètres.

La surface totale des deux bassins est de 6o mille hectares.

Le volume des eaux, exprimé en mètres cubes, est de 8o à 1oo milliards.

VII

Les naturalistes ne se sont pas contentés de ce travail de topographie sous-lacustre. Ils se sont donné aussi pour mission d'étudier la flore et la faune du lac à différentes profondeurs ; et, grâce à leurs patientes recherches, nous possédons aujourd'hui le catalogue à peu près complet de toutes les espèces végétales ou animales, sédentaires ou nomades, qui vivent à la surface, dans la zone moyenne ou dans les prodeurs du Léman.

Au point de vue du développement de la vie organisée, un bassin quelconque peut être divisé en trois régions parfaitement distinctes et présentant des conditions de milieu très différentes : la région littorale, la région du lac proprement dite ou région pélagique et la région profonde.

A chacune de ces régions correspondent naturellement une flore et une faune spéciales.

« La région littorale du Léman, dit M. le professeur Forel, l'un des naturalistes modernes qui ont, dans ces dernières

années, le plus enrichi la science par le nombre et la variété
de leurs observations sur les glaciers et les lacs de la
Suisse (1), s'étend tout autour du lac jusqu'à une profondeur
de 10 à 15 mètres. Sa largeur est variable avec le relief des
talus dont le pied est inondé pendant les hautes eaux de l'été
et découvert pendant les basses eaux de l'hiver. Les conditions de ce milieu sont une profondeur et une pression faibles, une température variant du jour à la nuit et de l'été à
l'hiver entre 0 et 25°, une lumière intense pendant le jour,
une grande agitation de l'eau par les vagues et les courants,
un sol très accidenté composé indifféremment de vase, de
sable, de roches ou de galets. La flore y est riche, vigoureuse
et présente des couleurs vives et variées. De véritables forêts
aquatiques apparaissent au printemps pour disparaître en
automne. Les pierres et les bois submergés sont couverts
d'algues et de conferves.

La faune se compose en général de sujets de grande taille,
—crustacés, mollusques, annélides, lamellibranches, etc..., —
presque tous robustes, bien nourris, pouvant résister aux
mouvements de l'eau en se fixant aux rochers et aux algues,
ou en se réfugiant dans des cachettes, et qui sont arrivés dans
le lac soit par migration des pays environnants, soit en remontant petit à petit le courant des rivières de France, soit
enfin qu'ils y aient été transportés directement par les oiseaux
et les poissons migrateurs.

La région pélagique occupe la masse principale du lac depuis la surface jusqu'à la couche d'eau immédiatement en
contact avec le fond. La pression y augmente par conséquent
avec la profondeur. La température est variable dans la partie supérieure et jusqu'à une profondeur de 100 mètres envi-

<hr>

(1) F. A. FOREL. *Les faunes lacustres de la région subalpine.* — Association
française pour l'avancement des sciences. —Congrès de Montpellier, 1879.

ron ; au dessous elle est constante et de 5°. La lumière, d'abord très brillante, diminue rapidement au fur et à mesure que la profondeur et la pression augmentent ; la zone éclairée ne dépasse pas 45 mètres en été et 100 mètres en hiver. Les mouvements de l'eau, très accentués à la surface, s'amortissent insensiblement et sont nuls à quelques mètres seulement au dessous. La flore est très pauvre et représentée seulement par deux espèces d'algues qui flottent mollement en longs flocons verdâtres, les mêmes qui constituent la flore pélagique des lacs scandinaves et de tous les lacs subalpins (1). La faune ne comprend qu'un petit nombre d'espèces — crustacés, protozoaires, infusoires ; mais en revanche, le nombre des individus est immense, et c'est par millions et milliards qu'on les compte ; ce sont des animaux en général très bons nageurs, dépourvus d'organes qui leur permettent de se fixer sur les corps durs, et remarquablement diaphanes, véritables petits cristaux flottants et animés, ornés seulement de quelques points très brillants, noirs, rouges ou bleus ; absolument privés de moyens de défense, ils vivent dans une très grande prudence, se tiennent toujours assez loin des côtes, entre deux eaux, à la limite même de la lumière et de l'obscurité, ne viennent à la surface que pendant les nuits calmes et sans lune et descendent rapidement, pendant le jour ou lorsque le lac est agité, à 5, 10, 50 et même 100 mètres de profondeur. C'est grâce à cette manœuvre habile, à ces mœurs crépusculaires et surtout à leur transparence qu'ils peuvent se dérober à la poursuite de leurs ennemis acharnés, les poissons de la partie supérieure, et qu'ils se multiplient dans les eaux moyennes du lac en masses innombrables.

(1) Voir les découvertes faites dans les lacs scandinaves en 1860 par Lilljebord et O.-G., Sars, et dans les lacs subalpins, par P.-E. Muller, en 1868. — F. A. FOREL. *Les faunes lacustres de la région subalpine*, op. cit.

La région profonde comprend la couche d'eau située sur le sol même du lac. Ce sol est en général constitué d'une argile limoneuse, très fine, et ne contient aucun autre corps solide que ceux qui peuvent tomber accidentellement de la surface.

Dans les parties les plus profondes qui atteignent et dépassent même 300 mètres, la pression, à raison d'un atmosphère pour chaque 10 mètres d'eau, est naturellement très considérable. La température y est constante et de 5°, l'agitation de l'eau nulle, l'obscurité complète. Les saisons n'existent pas dans cette région sombre, uniforme, immobile ; la vie même y semble impossible, et cependant on y trouve une flore spéciale, assez pauvre à la vérité — des algues, des diatomées, des palmellicées, — jusqu'à une profondeur de 100 mètres, c'est-à-dire jusqu'aux extrêmes limites de la lumière. Mais au dessous de 100 mètres, cette flore très atténuée disparaît tout à fait.

La faune y est relativement assez nombreuse ; elle ne compte pas moins de 80 espèces et offre des représentants de tous les groupes lacustres, à l'exception des naïades et des éponges. Tous ces animaux vivent ou plutôt végètent soit sur le limon, soit dans l'intérieur même du limon qui tapisse le fond du lac depuis 25 mètres jusqu'à 330 mètres de profondeur. Ils présentent des caractères très marqués de faiblesse et de pauvreté organiques. Ils sont ternes, presque incolores, n'ont pas d'organes fixateurs, flottent et se déplacent ballottés par les courants. Les types nageurs ne nagent plus ; les animaux à respiration aérienne ont repris la respiration aquatique ; plusieurs sont aveugles ; presque tous sont inertes, atrophiés, passifs, et ne vivent que des débris de la faune et de la flore pélagiques qui sombrent dans les grands fonds et leur fournissent une nourriture assez peu abondante. C'est, en un mot, une faune très dégénérée.

Nous n'avons pu qu'indiquer ici d'une manière très sommaire les trois grandes classifications de la faune et de la flore du Léman. L'énumération seule des diverses espèces nous entraînerait bien au-delà du cadre dans lequel nous nous sommes renfermé. Le lecteur désireux de connaître à fond le monde organisé qui s'agite et se développe dans les eaux du lac devra consulter les nombreux mémoires publiés dans le bulletin de la société vaudoise des sciences naturelles, dans les archives des sciences physiques et naturelles publiées à Genève, dans les actes de la société helvétique des sciences naturelles, etc., auxquels nous ne pouvons mieux faire que de le renvoyer (1).

Il nous est impossible cependant de ne pas signaler comme espèces caractéristiques du Léman deux oiseaux charmants : la mouette rieuse et le cygne.

La mouette rieuse, *larus ridibundus*, vient de l'Océan en automne, et elle y retourne, au printemps ; mais séduite et retenue par la douceur de la température qui règne sur les côtes vaudoises, par le charme du lac, par le repos qu'elle trouve à la surface de ses eaux presque toujours calmes, elle y passe quelquefois tout l'été, y niche et finit par ne plus vouloir le quitter.

Le cygne, *cygnus olor*, est devenu aujourd'hui un des plus magnifiques ornements du lac. C'est aussi un oiseau d'origine étrangère. Son importation à Genève à l'état domestique date seulement de l'année 1838 ; mais il s'est tout de suite trouvé fort bien de sa nouvelle patrie, et s'est bientôt répandu à la surface de tout le bassin du Léman, qu'il

---

(1) Voir notamment les savants mémoires de M. le professeur F. A. FOREL : *Matériaux pour servir à l'étude de la faune profonde du lac Léman*, 1869, 1874, 1875, 1876 — *La faune profonde de Léman*, 1873, 1874.— *Maladie épizootique des perches de Léman*, 1867. — *Enquêtes sur le typhus des perches*, 1868, 1873. — *Faux albinisme des jeunes cygnes de Morges*, 1868. —*Recherches sur la température du Léman et d'autres lacs d'eau douce*, 1880.

sillonne en toute liberté et où il se reproduit d'une manière merveilleuse. De véritables compagnies de grands cygnes blancs ont leurs ports d'attache à toutes les stations du lac ; ils semblent y attendre les bateaux à vapeur, vont souvent à leur rencontre, les accompagnent quelque temps dans leur marche ; et la présence de ces magnifiques oiseaux flottants est un des plus gracieux souvenirs que l'on emporte de la navigation de plaisance autour du Léman.

Un dernier mot enfin sur les poissons. Le monde des poissons est beaucoup plus varié que celui des oiseaux. La perche, le brochet, la carpe, le chabot, la truite, le goujon, l'ablette, la tanche, l'anguille, l'ombre-chevalier abondent dans le lac, et par-dessus tous une excellente salmonidée appelée la fera ou le lavaret, *salmo lavaretus*, particulièrement recherchée des gourmets et qui fait partie du déjeuner classique offert à tous les étrangers qui débarquent à Genève.

VIII

Rien ne semble, au premier abord, plus facile que de déterminer, avec une précision parfaite, le niveau d'une nappe d'eau comme le Léman, qui présente très souvent, pendant de longues périodes de temps calmes, une surface lisse et plane comme un miroir ; et il n'existe peut-être pas de bassin au monde dont on ait plus fréquemment mesuré la hauteur de l'eau.

En réalité, malgré les observations les plus réitérées et les plus consciencieuses, les divers relevés accusent des divergences assez sensibles. On n'est pas d'accord sur les hauteurs relatives du lac à différentes époques et aux différentes parties de son contour ; on discute sur les points de repère ; on est encore réduit à des approximations et à des moyennes; et il est curieux de constater que les investigations de la science nous ont éclairé tout autant et quelquefois plus sur ce qui se passe à l'intérieur et dans les profondeurs du lac que sur les variations de sa surface extérieure. En somme, on connaît peut-être moins bien ce qu'on voit que ce qu'on ne voit pas.

La question d'ailleurs est complexe et particulièrement délicate.

Et tout d'abord, la surface d'une grande nappe d'eau, même à l'état de repos absolu, lorsque l'atmosphère est parfaitement calme, n'est pas et ne peut pas être rigoureusement horizontale et plane, ou du moins ne se confond pas exactement avec celle du sphéroïde terrestre.

Il faut, en effet, tenir compte de deux sortes de dénivellations permanentes qui doivent nécessairement affecter la surface du lac, bien que les instruments les plus perfectionnés et les plus précis n'aient pu permettre jusqu'à présent de les constater, encore moins de les mesurer.

L'une est due au Rhône, qui est à la fois le principal pourvoyeur et l'unique émissaire du Léman.

Le fleuve apporte son tribut à Villeneuve, traverse ensuite le bassin et s'écoule enfin en déversoir à Genève. Entre le point de départ et le point d'arrivée il y a un mouvement continu de l'eau; il doit donc y avoir nécessairement une pente. Cette pente est très sensible dans l'avant port de Genève; elle ne l'est pas dans la grande cuvette du lac; mais elle n'en existe pas moins (1).

(1) D'après M. Forel (*Contributions à l'étude de la limnimétrie du lac Léman, Ire et IIe séries, Lausanne* 1877), on peut calculer le courant des hautes eaux de l'été en connaissant les différentes sections du lac et en prenant pour base un débit de 600 mètres cubes par secondes, soit 36,000 mètres cubes par minute. Les résultats sont donnés par le tableau suivant :

D'autres dénivellations permanentes sont dues à l'attraction que les rives exercent sur la masse liquide qu'elles environnent. Cette attraction est elle-même fort variable suivant la forme de la côte, la hauteur des montagnes, la densité des roches, l'escarpement des talus ; mais très certainement elle exerce une action puissante sur la surface du lac. Aucune molécule liquide ne peut échapper à cette influence. Si les eaux du lac sont maintenues dans leur lit par la force attractive de la terre, elles sont à chaque instant sollicitées latéralement et en quelque sorte invitées à en sortir sous l'action de cette même force d'attraction qui régit souverainement tous les corps pondérables et qui est, pour le Léman, d'autant plus énergique que la ceinture des Alpes qui l'entoure a une masse plus considérable.

La surface du lac est donc en certains points gonflée, en d'autres déprimée, mais toujours gauchie suivant l'intensité de cette attraction latérale. Malheureusement il est absolument impossible de se rendre compte de ce gauchissement, de le mesurer et de le rectifier, puisque la même cause agit exactement de la même manière et dans la même proportion sur le fil à plomb, sur les bulles d'air des niveaux et sur tous les instruments qui sont employés dans les nivellements de précision.

Section	Largeur	Profondeur moyenne	aire	Vîtesse du courant par minute
Vevay-St-Gingolph.....	8000^m	180^m	1440000^m	0^{m}026
Ouchy-Evian.........,	12000	315	3780000	0.009
Détroit de Promenthoux.	3600	60	216000	00.17
Banc du Travers.......	1900	5	9500	3. 8

D'après ces données, il est facile de calculer la pente correspondante aux différentes sections du lac.

E. PLANTAMOUR. — *Notice sur la hauteur des eaux du lac d'après les observations faites à Genève de* 1838 *à* 1873. — Genève, 1874.

D. DOR. — *Quelques observations sur le niveau du lac Léman.* — *Bull.* *Soc. Vaud. Sc. nat.* VIII.

IX

Les mesures les plus délicates n'ont pas permis davantage de reconnaître à la surface du Léman de marées sensibles.

Physiquement le phénomène de la marée doit nécessairement exister sur toutes les masses liquides.

Tout le monde connaît, au moins dans ses grandes lignes, la théorie des marées de Laplace, aujourd'hui généralement adoptée. L'attraction est la grande loi qui règle tous les mouvements de la matière qui remplit l'espace. La terre est donc soumise à l'attraction de tous les corps célestes qui l'entourent. La plupart des astres sont trop éloignés d'elle pour pouvoir exercer une influence appréciable. Mais le soleil et la lune, l'un d'une masse considérable, l'autre incomparablement plus petite, mais en revanche beaucoup plus rapprochée, agissent d'une manière très puissante sur la surface. L'enveloppe solide peut résister à cette force attractive ; mais toutes les molécules liquides des mers qui recouvrent à peu près les 4/5 de la planète sont attirées par la lune et le soleil, glissent les unes sur les autres et tendent à se rapprocher de l'astre qui les sollicite. La masse des eaux se gonfle donc et se dresse vers la lune et vers le soleil. Il se forme ainsi deux grandes vagues, la vague lunaire et la vague solaire, qui suivent dans leur marche les deux astres qui les attirent, et qui, en raison du mouvement de rotation de la terre sur elle-même, se poursuivent à sa surface avec une très grande rapidité.

Théoriquement, la vague lunaire devrait faire le tour du globe dans l'espace de 24 heures 5o minutes, période durant laquelle la terre a successivement présenté toutes les parties de sa surface à son satellite qui tourne autour d'elle ; et la vague solaire, de son côté, devrait accomplir sa révolution dans les 24 heures qui marquent exactement la durée de la journée ou de la révolution de la terre sur elle-même. Mais, en fait, ces deux vagues se confondent et se pénètrent, à cause de l'extrême mobilité de leurs molécules fluides, et elles n'en font qu'une qui se déplace de l'Est à l'Ouest, c'est-à-dire en sens inverse du mouvement du globe. C'est cette vague unique, cette grande intumescence périodique qu'on appelle la marée.

L'attraction de la lune et du soleil agit tout aussi bien sur les petites mers fermées qu'à la surface du vaste Océan ; mais dans les bassins d'une faible étendue, la marée n'a pas l'espace nécessaire pour se développer à l'aise, et l'intumescence ne peut se produire d'une manière toujours appréciable.

Dans la Méditerranée elle est cependant assez sensible, quoique très variable d'un point à un autre, suivant la configuration de la côte, dont la variété des contours, le nombre et la succession des promontoires, des golfes et des indentations arrêtent souvent la marche du flot et s'opposent à la propagation et au développement d'une grande onde régulière. Toutefois, dans le golfe des Syrtes, situé entre l'ancienne Pentapole et la Tunisie et sur la plage de Sfax, au devant de laquelle se trouve une très large étendue de mer, le phénomène du flux et du reflux s'accomplit d'une manière parfaitement rhythmique comme dans l'Océan ; et la marée, qui est, en moyenne, de 1 m. 5o, atteint, à l'époque des équinoxes, 2 m. 6o et même 3 mètres d'amplitude. Par contre, dans toute la région occidentale de la Méditerranée, dont les côtes sont très découpées, la marée n'a que quelques centimètres.

Elle n'est que de 3o centimètres à Livourne, de 15 à peine dans la mer Ionienne et dans le golfe de Lyon ; et cette faible intumescence est presque toujours masquée par les dénivellations locales et temporaires produites par les vents, les courants et les tempêtes. A Venise cependant, le flot qui s’engouffre dans le long couloir de l’Adriatique s’élève quelquefois à la hauteur de 1 mètre (1).

Dans les autres mers fermées les dénivellations sont aussi très peu accentuées.

Dans le Zuyderzée, les plus grandes marées équinoxiales ne dépassent pas 1 m. 10, et les marées moyennes oscillent de $0^m,30$ à $0^m,40$.

Dans la Baltique, dans les détroits du Sund, du grand et du petit Belt, l’oscillation normale varie de 4 à 8 centimètres et est presque toujours contrariée, annulée, ou masquée par des dénivellations bien autrement importantes dues aux vents, aux courants, aux variations de la pression atmosphérique.

Mêmes amplitudes très faibles dans la Caspienne et dans la mer Noire.

Le grand lac Michigan de l’Amérique du Nord, dont la superficie est de 60,000 kilomètres carrés, paraît être la plus petite nappe d’eau sur laquelle on ait constaté d’une manière bien nette la périodicité du flux et du reflux ; l’amplitude moyenne de l’oscillation y est de 75 millimètres.

Si l’on admettait, ce qui est assez vraisemblable, que la hauteur du flot est à peu près proportionnelle à la surface du bassin sur laquelle s’exerce l’action lunaire et l’action solaire, la marée du lac Léman, qui a une superficie de 600 kilomètres environ, c’est-à-dire cent fois plus petite que celle du lac Michigan, devrait être à peine de 1 millimètre. Il n’est pas douteux qu’elle n’existe ; mais elle échappe à nos moyens d’observations.

Ces moyens ont été cependant très perfectionnés dans ces dernières années. Pendant longtemps on s’était contenté de

(1) G. Collegno. *Geologia dell' Italia.*

relever la hauteur des eaux du Léman sur des échelles graduées, encastrées dans les murs de quai des villes riveraines
du lac, Genève, Nyon, Vevey, Chillon, Morges, Ouchy,
Thonon, etc. ; mais la lecture était toujours incertaine et la
moindre vague, le plus petit ressac pouvait donner lieu à
une erreur de plusieurs centimètres. Depuis peu on a établi
sur différents points et à quelques mètres de la rive des puits
en communication directe avec le Léman. Le niveau de ces
puits est exactement le même que celui du lac ; il s'élève et
s'abaisse en même temps que lui avec une précision parfaite ;
et il a l'avantage d'être absolument soustrait à toutes les causes extérieures qui provoquent sur la grande nappe d'eau des
vagues, des ressacs et des rides superficielles et temporaires.
La hauteur de l'eau dans les puits donne donc le niveau vrai,
le niveau réel du lac tranquille. Un flotteur est disposé sur ce
niveau ; il monte et descend avec lui, et la tige qu'il porte indique sur une échelle extérieure les moindres variations de
la surface du lac avec une sensibilité qui ne laisse rien à désirer.

Ces appareils, qu'on appelle des limnimètres ($\lambda\acute{\iota}\mu\nu\eta$
lac, $\mu\acute{\epsilon}\tau\rho o\nu$ mesure), ont même été perfectionnés récemment
par M. le professeur Forel, de Morges, qui a eu l'heureuse
idée d'adapter à la tige du flotteur un crayon dont la pointe
s'appuie sur une feuille de papier qui se déroule lentement
au moyen d'un mécanisme très simple d'horlogerie. L'appareil inscrit ainsi lui-même ses propres observations, et le
« limnimètre enregistreur » remplace la lecture intermittente des échelles par un graphique qui dessine la courbe
continue de la hauteur des eaux et permet de reconnaître et
de mesurer les dénivellations les plus délicates qu'il aurait
été sans cela difficile et quelquefois impossible de percevoir.

X

Le niveau du lac est soumis à deux grandes variations annuelles.

Le Rhône, qui l'alimente, est un fleuve ou plutôt un grand torrent alpin dont les apports sont extrêmement variables. Le volume d'eau qu'il verse en moyenne par seconde dans le lac est de 200 mètres cubes ; mais de l'hiver à l'été la différence est énorme. Tandis que le débit moyen de l'hiver est de 55 mètres cubes à peine, celui de l'été est près de 15 fois plus considérable et atteint 750 mètres cubes. En temps d'inondation, le Rhône, à Villeneuve, jette jusqu'à 17000 mètres cubes par seconde dans le Léman.

Le lac est en outre alimenté par une vingtaine de petites rivières. Sur la rive Nord : l'Eau Froide, la Tinière, la Véraie, la baie de Montreux, la baie de Clarens, la Veveyse, le Flon, la Venoge, la Morge, l'Aubonne, la Promenthouse, le Boiron, la Versoie ; sur la rive Sud : la Morge de St-Gingolph, la Dranse, le Redon, l'Hermance. Sauf la Dranse, dont le débit moyen — 28 mètres cubes — s'élève jusqu'à 400 mètres cubes par seconde pendant les grandes crues, tous les autres cours d'eau ne sont que des ruisseaux insignifiants en temps ordinaire. Leur régime est essentiellement torrentiel ; ils sont souvent à sec et ne prennent une réelle importance que lorsqu'ils sont gonflés par les pluies d'orage ou qu'ils servent d'émissaires aux débâcles de glaces ou de neiges.

Le Rhône est en réalité le grand pourvoyeur du Léman, et le grand écart entre ses hautes eaux d'été et ses basses eaux d'hiver est la principale cause qui influe sur le niveau du bassin.

Vingt-cinq années d'observations ont permis d'établir la moyenne de cette variation, et les relevés faits pendant ce

quart de siècle au limnimètre de Vevey ont donné les résultats suivants :

Janvier,	niveau au limnimètre	1^m076
Février,	— —	1,059
Mars,	— —	1,047
Avril,	— —	1,154
Mai,	— —	1,328
Juin,	— —	1,700
Juillet,	— —	2,064
Août,	— —	2,205
Septembre,	— —	1,943
Octobre,	— —	1,525
Novembre,	— —	1,267
Décembre,	— —	1,213 (1).

L'écart entre les plus hautes et les plus basses eaux est
donc en moyenne de $1^m,15$. Mais à la suite des grandes débâcles, après des pluies persistantes, aux époques de déborde-
ment et d'inondations du Rhône, on a relevé des différences
bien autrement considérables ; et on cite dans notre siècle des
maxima qui ont atteint au même limnimètre les hauteurs
suivantes :

26	juillet 1876	2^m660
17	juillet 1846	2,847
20	août 1816	2,901
16	juillet 1817	2,958

Le minimum le plus bas a été observé le 4 février 1830
et n'a atteint que $0^m,120$. L'écart le plus considérable entre
les hautes et les basses eaux, a donc été de $2^m,838$, soit près de

(1) Ces observations sont rapportées au limnimètre normal du colonel
Burnier, dont le zéro est à 3 mètres au dessous du repère en bronze de
la pierre de Niton, à Genève.

(Note de M. F.-A. Forel).

3 mètres. La surface du lac étant à peu près de 600 kilomètres carrés, chaque millimètre de surélévation de l'eau correspond à un volume de 600,000 mètres cubes. Les 3 mètres cubes d'exhaussement représentent donc un excès de
1,800,000,000 de mètres cubes, soit près de deux milliards.

C'est à peu près le quarantième du volume total du lac,
qui est, ainsi que nous l'avons vu plus haut, de 80 à 100
milliards de mètres cubes.

Ces dénivellations régulières s'expliquent aisément.

Pendant l'hiver, le froid immobilise à l'état de neige et de
glace sur les hauteurs des Alpes et du Jura toutes les eaux
d'alimentation du Rhône et des autres affluents du lac. Ces
grands réservoirs congelés se fondent au printemps et surtout
en été; et les glaciers libérés par la chaleur se précipitent en
masses torrentielles dans le fond des vallées. Il y a donc,
d'une manière générale, une retenue à peu près complète de
toutes les eaux pendant la saison rigoureuse, et un écoulement de plus en plus considérable à mesure que les jours
augmentent et que la température s'élève.

Le lac doit donc toujours monter en été et descendre en
hiver.

Cette crue estivale et cette décrue hivernale sont très nettement indiquées par le crayon du limnimètre, qui dessine
une grande courbe ondulée dont le creux correspond aux
mois de janvier et de février et le sommet aux mois de juillet
et d'août. Mais cette courbe n'est pas tout à fait continue et
présente des temps d'arrêt fort intéressants à étudier et qui
permettent de saisir parfaitement les différentes phases de la
montée et de la descente des eaux. La courbe s'élève du mois
de février au mois d'avril, ce qui indique le mouvement as-
censionnel de l'eau; puis le niveau reste stationnaire pendant
plusieurs semaines; quelquefois même il descend un peu, ce
que la courbe indique en restant pendant quelque temps horizontale ou même en s'abaissant.

A partir du mois de mai, la courbe se relève et atteint son point culminant vers le milieu du mois d'août ; c'est la grande crue d'été, qui est arrivée au maximum. La courbe redescend ensuite très rapidement, indice certain que la majeure partie des glaces et des neiges ont opéré leur fusion. C'est la décrue ; mais la décrue s'arrête dans son mouvement de descente ; et, arrivée au niveau de la première crue du printemps, elle semble vouloir remonter encore ; elle remonte un peu en effet dans le cours de l'automne, mais bientôt redescend très nettement et finit par reprendre le bas niveau de l'hiver.

Chaque année ce mouvement se renouvelle avec une remarquable périodicité. On observe une grande crue d'été, précédée et suivie de deux petites crues de printemps et d'automne ; et il semble que le lac est approvisionné par deux sources d'alimentation indépendantes l'une de l'autre et de prove-provenance tout à fait distincte, qu'il soit soumis à deux régimes différents.

, C'est bien là en effet ce qui a lieu.

Le Léman est, nous l'avons vu, à la fois un lac alpin et un lac jurassique. Or l'altitude du Jura n'est pas la même que celle des Alpes. Les conditions météorologiques des deux chaînes de montagnes diffèrent d'une manière notable. Les neiges du Jura fondent dès la fin de l'hiver alors que tout le massif du Gothard et des Alpes du Valais est encore enseveli sous un revêtement de neiges et de glaces. Si le lac se gonfle un peu dès l'ouverture du printemps, ce n'est pas par suite de l'apport des eaux du Rhône. A cette époque, les cimes, les hauts plateaux, les cirques supérieurs du Valais et du Gothard sont presque entièrement enveloppés de neige durcie et de glaces solides qui laissent à peine suinter quelques filets d'eau. Ce sont les neiges du Jura, beaucoup moins élevées que celles des Alpes, qui fondent les premières ; et cette fusion qui se produit dès les premiers beaux jours de l'année est presque entièrement accomplie alors que celle des glaciers des Alpes n'a pas encore commencé. La crue du printemps s'arrête alors, et il faut un certain temps avant que se déclare la débâcle estivale qui donne lieu à la grande crue des mois de juillet et d'août. La première crue est donc une crue jurassienne, la seconde une crue alpestre.

Lorsque les glaciers sont entièrement fondus, la grande source d'alimentation est tarie, le lac décroît ; mais il s'arrête dans ce mouvement de descente par suite d'un nouvel apport dû aux pluies d'automne sur les croupes du Jura qui déterminent une deuxième crue jurassienne.

Toutes ces crues de provenance différente se succèdent, se pénètrent en quelque sorte ; et le dessin de la courbe tracée par le limnimètre, qui donne avec la plus grande exactitude la série continue de ces oscillations du niveau de la nappe lacustre, permet de séparer et presque de mesurer les apports des eaux du Jura et des eaux des Alpes, les deux crues moyennes du printemps et de l'automne, la grande crue estivale et la décrue correspondante qui atteint son maximum au cœur de l'hiver.

XI

Outre les mouvements de crue et de décrue qui se reproduisent à peu près exactement aux mêmes périodes de chaque année, le Léman est sujet à d'autres oscillations bien autrement fréquentes, d'un caractère particulièrement curieux, mais dont l'observation est beaucoup plus délicate.

M. le professeur Forel, de Morges, dont le nom est toujours à citer lorsqu'on parle des phénomènes lacustres de la Suisse, a fait, depuis un certain nombre d'années, une étude complète de toutes les ondulations qui agitent la surface azurée du Léman. Les unes sont superficielles et apparentes pour tout le monde ; ce sont les vagues que l'on voit se former et

se propager avec une grande lenteur à la surface liquide et
qui viennent ensuite déferler sur les rives. Les autres, au
contraire, tout à fait invisibles à l'œil nu, sont profondes,
traversent d'un bout à l'autre toute la longueur du lac avec
une vitesse extrême, égale et même supérieure à celle d'un
train express lancé à toute vapeur, mais sont inaperçues à
l'œil ou ne se manifestent que par des dénivellations très faibles de la nappe lacustre. Les lectures limnimétriques ont
seules pu les mettre en évidence et permis de les étudier dans
leur rhythme, leur périodicité, leur amplitude et jusque dans
les plus petits détails.

Rien de particulier à dire sur les vagues du lac. Ce sont,
comme celles de toutes les mers, des mouvements d'oscillation progressive d'une certaine couche superficielle qui ne
descend jamais au dessous de 3 à 4 mètres de la surface. Les
vagues sont d'autant plus fortes que le vent est plus violent;
elles augmentent régulièrement de vitesse, de largeur et de
hauteur à mesure qu'elles avancent sur le lac, ralentissent
leur marche et se redressent aux approches de la rive, et finis-
sent, lorsque la profondeur devient trop faible et que leur
base frotte sur le fond, par se dérouler en volute et se briser
en écumant sur la grève.

La hauteur des vagues, très variable dans les différents
bassins où elles se développent, est d'autant plus considérable
que la nappe d'eau est plus vaste, plus profonde, qu'elle est
plus librement parcourue par les vents, et que, plus découverte, elle donne plus de prise à toutes les variations atmosphériques (1).

Dans la Méditerranée, les grandes vagues des tempêtes ont,
d'après l'amiral Smyth, 5 mètres et demi de hauteur verticale
et atteignent quelquefois jusqu'à 9 mètres.

____

(1) CIALDI. *Sul muoto ondoso del mare.*

Dans l'Océan atlantique, entre Boston et Liverpool, on a observé souvent des vagues de 9 à 10 mètres, et, dans certains cas exceptionnels, de 13 mètres.

Dans l'Atlantique du Sud, vers les parages du cap de Bonne-Espérance, si l'on en croit les témoignages de Dumont d'Urville et de Fleuriot de Langle, les vagues des tempêtes atteignent moyennement de 15 à 18 mètres et on a même cru pouvoir mesurer approximativement de grandes ondulations de 30 mètres de hauteur.

En général, on considère que la hauteur des vagues est à peu près le quinzième de la largeur qui existe de base à base entre les sillons qu'elles creusent.

A défaut de mesure directe sur le Léman, on peut admettre cette donnée de l'expérience qui limite à 1 m. 30 ou 1 m. 50 la hauteur des plus grandes vagues en plein lac. Dans le voisinage des rives, le flot se redresse sensiblement à mesure que la largeur des ondulations diminue Quelquefois même, en plein lac, lorsque les vents soufflent avec violence et changent brusquement de direction, la petite mer est complètement démontée ; les interférences des vagues en sens contraire produisent des ressacs qui en doublent la hauteur, et les embruns peuvent rejaillir jusqu'à 6 ou 8 mètres.

Ce sont bien alors de véritables tempêtes, d'autant plus dangereuses qu'elles se déchaînent d'une manière soudaine, que les lames courtes et dures s'entrechoquent dans tous les sens, et que les petites embarcations et même les bateaux à vapeur ne sont pas en général préparés à d'aussi redoutables épreuves.

L'histoire du lac est malheureusement trop féconde en sinistres de cette nature ; et, pour ne parler que du plus récent, les populations riveraines n'oublieront pas de longtemps la terrible catastrophe qui a marqué la soirée du 23 novembre 1883. Le steamer « le Rhône », qui faisait le service entre les ports d'Evian et d'Ouchy, fut abordé par un autre steamer,

SEICHES ET VIBRATIONS DU LAC LEMAN

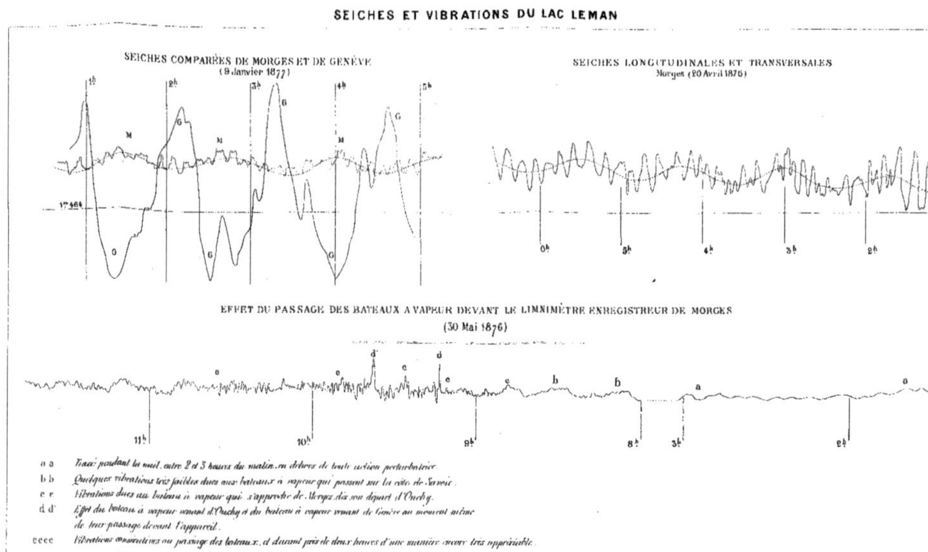

a a   Tracé pendant la nuit, entre 2 et 3 heures du matin, en dehors de toute action perturbatrice.
b b   Quelques vibrations très faibles dues aux bateaux à vapeur qui passent sur la côte de Savoie.
c c   Vibrations dues au bateau à vapeur qui s'approche de Morges dès son départ d'Ouchy.
d d′ Effet du bateau à vapeur venant d'Ouchy et du bateau à vapeur venant de Genève au moment même
      de leur passage devant l'appareil.
e e e e   Vibrations consécutives au passage des bateaux, et durant près de deux heures d'une manière encore très appréciable.

d'après les observations et les tracés limnimétriques de M' F. A. Forel deux cornes sont loin d'être symétriques. La corne orientale, qui pénètre dans le Valais, est large et arrondie ; la corne occidentale, au contraire, est étroite et très effilée du côté de Genève. La largeur du lac est aussi fort inégale. Devant Vevey, elle est de 8 kilomètres, de 11 environ entre Rolle et Thonon ; elle atteint son maximum — près de 14 kilomètres — en face de Morges et d'Evian ; puis tout à coup cette largeur diminue de plus de moitié, par suite d'un brusque ressaut vers le Nord de la rive savoyarde ; en face de Nyon, elle est à peine de 4 kilomètres.

En réalité, le Léman se compose de deux bassins parfaitement distincts, le grand lac et le petit lac, séparés, comme nous avons déjà eu l'occasion de le dire plus haut, par un véritable seuil sous-lacustre qui joint la côte de Savoie à la côte suisse, le promontoire d'Yvoire à celui de Promenthoux.

Le grand lac a 47 kilomètres environ de longueur et une largeur moyenne de 10 kilomètres ; le petit lac a seulement une longueur de 23 kilomètres et 3 kilomètres et demi de largeur moyenne.

Ces deux bassins, très nettement distincts, ont aussi des reliefs très différents. Les grands fonds du premier atteignent jusqu'à 334 mètres, et la profondeur moyenne y est de 200 mètres ; les plus grands fonds du second ne descendent pas au dessous de 75 mètres, et la profondeur moyenne n'y est que de 50.

Un lac qui présente de pareilles conditions d'irrégularité de forme et de relief semblerait, au premier abord, peu propre à favoriser le balancement de l'eau d'une manière rhythmique et cadencée. Il n'en est rien cependant, et les observations limnimétriques de plusieurs années ont nettement démontré la régularité parfaite et la périodicité des oscillations profondes dans le Léman.

En fait, le phénomène se produit de la manière suivante :

Les oscillations ont lieu simultanément et sont indépendantes les unes des autres, d'abord dans la grande nappe d'eau formée de la réunion du grand lac et du petit lac, ensuite dans chacun de ces deux bassins, comme s'ils étaient parfaitement isolés.

Une série très nettement marquée de seiches longitudinales fait osciller l'eau suivant le grand axe du Léman entre ses points extrêmes, de Villeneuve à Genève et de Genève à Villeneuve ; et la durée de cette grande oscillation est de 72 minutes environ. Un observateur placé à l'une des extrémités du lac, à Villeneuve ou à Genève, voit régulièrement l'eau monter pendant 35 minutes, puis baisser pendant 35 minutes, et ce mouvement se répète indéfiniment, à moins de perturbations locales, avec une grande variation d'amplitude sans doute, mais avec une régularité chronométrique. C'est, en définitive, une grande vague très largement ondulée, à peine visible à l'œil, qui met 72 minutes à parcourir toute la longueur du lac, et dont la vitesse de marche est approximativement de 60 kilomètres à l'heure, égale et même un peu supérieure à celle des trains express qui suivent la côte.

La hauteur de la seiche est en général assez faible dans le golfe de Villeneuve ; elle n'y dépasse guère 30 centimètres ; mais à Genève l'onde s'engouffre dans le long et étroit défilé du petit lac ; la profondeur diminue rapidement, le flot s'élève en proportion ; et il n'est pas rare qu'il atteigne et dépasse même 1 mètre d'amplitude. Par contre, la hauteur de la dénivellation est à peu près nulle au milieu du lac dans les parages de Morges et d'Evian.

Les plus grandes seiches observées à Genève, celles qu'on a appelées quelquefois « seiches historiques », sont celle du 3 août 1763 (1^m48 d'amplitude) observée par H. B. de Saussure, celle du 16 septembre 1600 (1^m62), observée par Duillier et celle du 3 octobre 1841, qui a été mesurée par le physicien Venié et qui atteignit près de deux mètres. Ce sont, on le voit, de véritables marées, dont la période n'est que d'une heure 12 minutes, c'est-à-dire un peu moins de 6 fois plus courte que celle des marées dues à l'attraction luno-solaire.

Mais le lac, avons-nous dit, se divise en deux bassins distincts : le grand et le petit lac ; et dans ces deux bassins, l'oscillation a lieu d'une manière indépendante.

La grande onde, qui parcourt en 72 minutes toutes la longueur du Léman, depuis Villeneuve jusqu'à Genève, traverse sans les altérer les deux ondes longitudinales qui se balancent dans le même sens, l'une de Villeneuve à la barre de Promenthoux, l'autre de Promenthoux jusqu'au quai de Genève.

La seiche longitudinale de Villeneuve à Promenthoux se balance, suivant un mouvement rhythmique dont la durée moyenne est de 35 minutes ; la seiche longitudinale de Promenthoux à Genève n'a que 25 minutes de durée (1).

Enfin l'eau du lac se balance encore dans le sens transversal, de la côte Suisse à la côte Savoyarde, produisant des seiches distinctes des précédentes, qui ont une durée moyenne de 10 minutes environ et dont l'amplitude atteint son maximum (20 centimètres environ) aux extrémités du petit axe, c'est-à-dire à Morges et à Amphion.

Ainsi les seiches sont de véritables vagues de balancement de l'eau. La masse du lac oscille avec la régularité d'un immense pendule autour d'une ligne immobile comme le fléau d'une balance. Aux extrémités, l'amplitude est maximum ; ce sont les deux « ventres » d'oscillation. Au milieu, le niveau de l'eau reste immobile ; c'est le point fixe, le fléau de la balance, le « nœud » ou plutôt la « ligne nodale. »

---

(1) D'après une communication récente de M. Forel, appuyée sur de nouvelles expériences, cette dernière seiche de 35 minutes ne serait pas une seiche longitudinale de balancement spéciale au grand lac, mais correspondrait à un mouvement de balancement harmonique plus compliqué et qu'il désigne sous le nom de «seiche binodale».

Quant à la seiche de 25 minutes, elle n'existe pas d'une manière constante.

XIII

La régularité de ce balancement a attiré depuis longtemps l'attention des physiciens, qui ont défini très exactement les seiches sous le nom de « vagues uninodales d'oscillation fixe.

Le Dr Fréd. Guthrie, professeur à l'École des Mines de Londres (1), et le Dr F. A. Forel, professeur à l'Académie de Lausanne (2), ont eu, dans ces dernières années, l'idée d'étudier le mouvement d'oscillation de l'eau dans des bassins d'expérience ; et, en comparant leurs observations de laboratoire avec la longue série d'indications données par les limnimètres enregistreurs, ils ont pu aisément rapporter la durée des seiches à celle des oscillations d'un pendule.

Déjà, en 1828, un savant professeur Allemand, J. Rud. Mérian, de Bâle (3), avait essayé d'appliquer l'analyse mathématique à l'étude des mouvements des liquides dans les bassins et était arrivé à une formule extrêmement compliquée, qui concordait assez bien avec tous les résultats donnés par les expériences de laboratoire et les observations limnimétriques.

Cette formule a pu être heureusement simplifiée, et dans la pratique on lui en a substitué une autre, empirique à la vérité, mais qui permet cependant d'établir d'une manière suffisamment exacte les relations qui existent entre la durée de l'oscillation, la longueur et la profondeur du bassin dans lequel elle se produit et qui peut se traduire de la manière suivante : « La durée de l'oscillation est directement proportionnelle à

(1) Frederick GUTHRIE. — *On stationary liquid waves* — *Proceed. of the phys. Society*, vol. 1. London 1875.

(2) F. A. FOREL. — *La formule des seiches* — *Arch. de la bibliothèque universelle* — Genève 1876.

(3) J. RUD. MERIAN. — *Ueber die Berwegung tropfbarer Flussigkeiten in Gefässen.* — Basel, 1828.

la longueur du lac dans lequel l'oscillation a lieu et inversement proportionnelle à la racine carrée de la profondeur moyenne du lac. »

La longueur et la profondeur sont donc les principaux facteurs qui influent sur la durée d'une seiche, auxquels il convient, bien entendu, d'ajouter un certain nombre de facteurs secondaires et locaux dont les plus importants sont les frottements dus aux parois du lac, frottements très variables suivant la forme et la nature du fond, la disposition des talus et des rives, etc..... et qu'il est bien difficile de soumettre à une analyse mathématique quelconque.

Mieux que tous les calculs théoriques, les appareils enregistreurs établis sur les bords du lac à Morges et à Sécheron et dont MM. Forel et Plantamour ont su habilement recueillir et commenter les précieuses indications, ont rendu visibles à l'œil et permis de mesurer très exactement ces grandes ondes qui traversent le lac avec de si grandes vitesses, et le font osciller comme un pendule grandiose ou plutôt comme plusieurs pendules parfaitement réglés. Car il existe, en effet, comme nous l'avons déjà dit, plusieurs oscillations distinctes : d'abord un premier balancement du lac entier dans toute sa longueur ; puis deux autres balancements longitudinaux, l'un dans le grand lac, l'autre dans le petit lac ; enfin un quatrième balancement transversal, dans le sens de la largeur, de la côte suisse à la côte de Savoie.

---

(1) La formule empirique des seiches donnée par M. le Dr F. A. Forel est :

$$t = \frac{1}{\sqrt{gh}},$$

dans laquelle

t désigne la durée d'une demi-oscillation fixe uninodale,
l — la longueur du bassin,
h — sa profondeur moyenne.

Les courbes dessinées par les limnimètres permettent de différencier très nettement ces quatre mouvements.

S'il n'existait en effet qu'un seul balancement régulier dans le sens de la longueur du lac, la courbe limnimétrique aurait la forme d'une sinusoïde dont les ondulations toutes égales, continues et symétriquement rhythmées, seraient espacées régulièrement de 72 minutes, puisque telle est la durée mathématique de la grande seiche longitudinale ; mais cette onde magistrale est pour ainsi dire traversée par les ondes secondaires produites par les seiches longitudinales spéciales au grand et au petit lac, dont l'amplitude est beaucoup plus faible et dont les durées sont respectivement de 35 et de 25 minutes. Elles se ressent en outre de l'oscillation transversale encore plus faible et qui fait balancer le lac dans le sens de la largeur suivant une période de 10 minutes.

Chacun de ces balancements, s'il existait seul, donnerait naissance à une courbe très régulière. La première serait une sinusoïde très allongée et d'une très grande amplitude ; les trois autres seraient des courbes de même ordre, mais dont les ondes seraient plus rapprochées et surtout moins élevées. Tous ces mouvements ayant lieu simultanément, le crayon du limnimètre les enregistre en même temps ; et la résultante présente une série de zig-zag très réguliers qui s'abaissent ou descendent sur la grande courbe représentant la seiche longitudinale, qui se propage elle-même d'un bout à l'autre du Léman.

Cette grande sinusoïde forme le dessin principal, sur lequel on voit pour ainsi dire danser, en forme de dentelures ou de festons, les ondulations plus modestes produites par les trois autres mouvements, c'est-à-dire par la petite seiche transversale et les deux petites seiches longitudinales spéciales au grand lac et au petit lac.

Les seiches se manifestent ainsi, sur le tracé des limnimètres, par des ondulations tout à fait isochrones ; et il est à remarquer que, si l'oscillation met toujours le même temps à se produire, elle varie d'intensité et d'amplitude dans des proportions très considérables. « Les allures des seiches, dit très judicieusement M. Forel, dont on ne saurait trop citer les savantes observations, présentent tous les caractères des mouvements d'oscillation fixe déterminés par une impulsion unique. Comme dans l'oscillation d'un pendule, comme la vibration d'une corde tendue ou d'une cloche, le balancement de l'eau va en décroissant régulièrement d'amplitude jusqu'à ce que le mouvement soit entièrement éteint.

Les tracés des limnimètres enregistreurs montrent que les seiches se présentent sous la forme d'oscillations isochrones, dont la première a l'amplitude maximum et qui vont progressivement en diminuant jusqu'à leur disparition par atténuation extrême.

Ces séries de seiches peuvent empiéter les unes sur les autres et les oscillations interférer entre elles, s'additionner ou même s'annuler ; et il en résulte des complications très variables dans les ondulations.

La durée d'une même seiche peut être fort considérable. On a vu, sous l'action d'une seule impulsion, des séries de seiches transversales du Léman se dessiner, encore pendant 6, 8 heures, et des séries de seiches longitudinales durer 2, 3 et même 4 jours avant que leurs oscillations, extrêmement atténuées, aient disparu sous de nouvelles séries de seiches.

Tous les faits observés concordent donc pour prouver que le mouvement des seiches, qui se traduit sur les rives du lac par des oscillations rhythmiques du niveau de l'eau, est une des manifestations d'un mouvement de balancement de toute la masse liquide, mouvement d'oscillation fixe, uninodale »(1).

(1) F.-A. FOREL. *Les seiches, vagues d'oscillation fixe des lacs.* — *Annales de la Société helvétique des sciences naturelles.* Andermatt. 1875.

D'après ce que nous venons de dire, on voit qu'il arrive souvent qu'une ou plusieurs séries de seiches se succèdent, se poursuivent et se traversent. Le crayon du limnimètre enregistre très fidèlement ces superpositions et ces rencontres. L'onde secondaire vient broder sur l'onde principale, et pendant un certain temps on voit les deux séries d'ondes interférer l'une sur l'autre. C'est ce que M. Forel a très heureusement appelé des « seiches dicrotes, » par analogie avec le mouvement dicrote du pouls dans certains états pathologiques. Les battements de l'eau du lac semblent, en effet, présenter les mêmes accidents, les mêmes perturbations que ceux du sang dans l'organisme (1).

XIV

La sensibilité des appareils limnimétriques permet encore de reconnaître des mouvements du lac bien autrement délicats et qui sont dus à des causes tout à fait accidentelles, telles que les vibrations produites à d'assez grandes distances par le battillement des roues des bateaux à vapeur, par un brusque coup de vent d'orage ou par une pluie locale qui vient frapper violemment la surface de la nappe liquide.

Les faits suivants ont été régulièrement constatés :

« A peine le bateau à vapeur double-t-il le môle du petit port d'Ouchy, au pied de Lausanne, pour se mettre en vue de Morges, qui est situé à 9 kilomètres, que le limnimètre de cette dernière station commence à vibrer, bien que le bateau ait encore besoin de 25 minutes pour y arriver. Ces vibrations sont des ondulations extrêmement longues puis-

(1) F.-A. FOREL. *Les seiches dicrotes.* — *Archives des sciences physiques et naturelles.* Genève, 1850.

qu'elles durent une ou deux minutes, et très peu élevées puisqu'elles ne soulèvent le crayon de l'appareil que d'un millimètre ou deux tout au plus ; mais, comme celui-ci est absolument soustrait à l'action des vagues superficielles par la largeur du puits et l'étroitesse du canal d'amenée, il est évident que la seule approche du bateau suffit pour sillonner le lac de grandes rides extraordinairement rapides et larges, tellement aplaties qu'on ne peut les percevoir à l'œil, et sous l'influence desquelles des milliers et des milliers de vagues superficielles quelque bouleversées qu'elles soient, quelque tourmentées par le vent qu'elles puissent paraître, se haussent toutes ensemble d'un millimètre pour s'abaisser d'autant à la minute suivante.

Un instrument aussi sensible que le limnimètre de Morges dessine ainsi sous forme de dentelures très fines les vibrations « antécédentes » d'un bateau à vapeur qui est encore à une distance de 10 et même de 14 kilomètres de l'appareil, et les vibrations « consécutives » du même bateau qui s'en éloigne, 2 et même 3 heures après son passage.

A côté des vibrations causées par les bateaux à vapeur et dont le tracé est reconnaissable au limnimètre de Morges, même pour les petits bateaux qui desservent la côte de Savoie, M. Forel enregistre d'autres vibrations qu'il attribue aux effets du vent. Il est, en effet, difficile de leur assigner une autre cause. Elles passent à travers le lac comme des frémissements qui en soulèvent ou en dépriment brusquement la surface et qui semblent n'avoir aucun caractère de périodicité. Il est probable que ces mouvements sont produits par des risées de vents, qui s'abattent sur le lac et fouettent brusquement une certaine étendue d'eau (1). »

---

(1) Franz SCHRŒDER. *Monographie sur le lac Léman.* — *République franç.*, 20 septembre 1878.

En résumé, grâce à l'emploi des appareils enregistreurs établis récemment sur les rives du lac, le phénomène des seiches se manifeste d'une manière parfaitement régulière et dans les conditions suivantes :

1° Le rhythme des oscillations est toujours le même dans la même station, et le même aux deux extrémités d'un même diamètre du lac ;

2° Le mouvement de l'eau est synchrone et opposé dans les deux moitiés opposées du lac, l'eau montant à Genève pendant qu'elle descend à Villeneuve et réciproquement ;

3° L'amplitude du mouvement a son maximum aux deux extrémités du diamètre d'oscillation ; elle est nulle sur la ligne qui sépare les deux moitiés du lac et qui constitue une « ligne nodale ; »

4° Dans le même lac, les seiches longitudinales oscillant suivant le grand axe ont une durée plus grande que les seiches transversales oscillant suivant le petit ; (sur le lac Léman les seiches longitudinales ont une durée de 72 minutes, les seiches transversales une durée de 10 minutes) ;

5° Plus le lac est grand, plus grande est la durée des seiches ;

6° Dans les lacs de même longueur, la durée des seiches est d'autant plus grande que le lac est moins profond ;

7° Les allures des seiches ont tous les caracères de l'oscillation fixe déterminée par une impulsion unique. Dans les seiches successives, l'amplitude de l'oscillation a son maximum à la première onde, et cette amplitude va en décroissant graduellement dans chaque onde ultérieure, jusqu'à l'extinction totale du mouvement. Ces ondes successives à amplitude décroissante constituent des « séries de seiches » et ces séries, dues à une impulsion génératrice initiale et sans impulsion nouvelle, peuvent conserver leur rhythme régulier et isochrone pendant quatre et même cinq jours de suite (1).

Telles sont les lois fondamentales du phénomène.

XV

Il est à peine besoin de dire que les ondulations dont nous venons de donner la description et les lois ne sont pas spéciales au Léman.

Elles doivent évidemment se produire dans tous les bassins fermés d'une certaine importance. Elles s'y produisent en effet. Dans tous les lacs suisses où on a suivi méthodiquement pendant quelques jours seulement les dénivellations de l'eau, on a constaté la régularité de ces mouvements ; et le tableau suivant qui résume les observations déjà faites, malheureusement en très petit nombre encore, permet de reconnaître que ces oscillations vérifient avec une approximation très remarquable la formule empirique donnée par M. Forel :

	Longueur	Profondeur moyenne	Durée moyenne de l'oscillation en minutes et en secondes
Lac de Bret..................	1 k 1	15^m	1^m40
Lac de Joux..................	9, 0	25	12, 24
Lac de Morat.................	9, 2	50	9, 32
Lac de Brienz................	13, 7	260	9, 34
Lac de Wallenstadt.......... ...	15, 5	115	14, 31
Lac de Thun.................	17, 5	215	14, 42
Lac de Neuchâtel,.............	38, 2	155	47, 20
Lac de Constance.............	64, 8	275	59, 54
LAC LÉMAN { De Morges à Amphoux..	13, 8	200	10 »
Ensemble des 2 bassins..	73, 2	200	72 »
Grand lac...............	47, »	200	35 »
Petit lac................	23, »	50	25 » (2)

(1) F.-A. Forel. *Seiches et vibrations des lacs de la mer.* — *Association française pour l'avancement des sciences.* — *Congrès de Montpelier :* 1879.

(2) F.-A. Forel. *Les seiches, vagues d'oscillation des lacs,* op. cit.

Toutes ces ocillations sont à peu près permanentes ; on le reconnaît facilement d'après les indications fournies par les appareils enregistreurs dont le crayon, qui suit fidèlement le niveau de l'eau, dessine presque toujours une courbe tremblée, ondulée et ne donne que très rarement, pendant une ou deux heures et dans des circonstances tout à fait exceptionnelles, un tracé rectiligne rigoureusement horizontal qui serait la manifestation d'un état de repos absolu du niveau du lac. Le niveau des lacs n'est, pour ainsi dire, jamais fixe ; il monte ou s'abaisse sans cesse, et cette ascension et cette descente ont lieu suivant le rhythme que nous avons décrit.

XVI

La recherche des causes de ce curieux phénomène a exercé pendant longtemps la sagacité des physiciens et des naturalistes. Différentes théories ont été tour à tour émises. Fatio de Duillier attribuait les seiches à l'arrêt des eaux du Rhône sur la Barre-du-Travers près de Genève par les coups de vent du midi (1) ; Addison et Jallabert y voyaient l'effet des crues subites des rivières. Le premier y reconnaissait « une espèce de flux et de reflux causé par la fonte des neiges qui y tombent l'après-midi en plus grande quantité qu'en d'autres heures du jour » ; pour le second « les eaux du Rhône au Bouveret s'élèvent sur les rives de part et d'autre, retombent ensuite par leur propre poids devenu supérieur à l'action des eaux du Rhône contre elles, et reprennent le niveau du reste du lac; comme l'impétuosité du Rhône ainsi enflé subsiste un certain temps, il doit résulter de son action sur les eaux du

(1) J.-C. Fatio de Duillier. — *Remarques sur l'histoire naturelle du lac de Genève*, par Spon. Genève, 1730, t. II.

lac et de la réaction de celles-ci un flux et un reflux, qui se succèdent à peu près comme les allées et venues d'un pendule (1). »

Malgré l'autorité de leurs auteurs, il est difficile de prendre au sérieux toutes ces explications, dont le moindre défaut est de manquer complètement de clarté et de n'être appuyées sur aucune observation scientifique.

C'est le physicien Bertrand qui a le premier entrevu la vérité en signalant les nuées électriques comme pouvant altérer ou soulever en un point la masse des eaux du lac. L'explication, à vrai dire, est insuffisante ; car, si les orages déterminent toujours des seiches, — et souvent des seiches à très grandes amplitudes, — la majeure partie de ces oscillations a lieu indépendamment de tout phénomène électrique.

De Saussure et Vaucher (2), ont donné la vraie ou plutôt la principale cause de la formation des seiches. Ils les attribuent avec raison aux variations promptes et locales de la pesanteur de l'air capables de produire des flux et des reflux momentanés en occasionnant des pressions inégales sur les différentes parties du lac (2).

Arago enfin (3), après avoir établi que les seiches peuvent avoir des causes très diverses et tout en acceptant les explications de M. de Saussure et de Vaucher, signalait dès 1857 dans la mer des oscillations analogues aux seiches et dont il faisait remarquer la coïncidence avec les tremblements de terre.

M. Forel (4), a très heureusement résumé toutes les études

(1) F.-A. FOREL. *Les causes des seiches.* — *Bibl. univ. Arch. des sc. ph. et nat.* Genève, 1878.

(2) H.-B. de SAUSSURE. *Essai sur l'histoire naturelle des environs de Genève.* — *Voyage dans les Alpes.* Neuchâtel, 1779, t. I. — J. P. E. VAUCHER. *Mémoires sur les seiches du lac de Genève,* op. cit.

(3) F. ARAGO. *Sur les phénomènes de la mer. Œuvres complètes,* IX, Paris, 1857.

(4) F.-A. FOREL. *Les causes des seiches.* — *Archives des sciences physiques et naturelles,,* t. LXIII, Genève, 1878.

faites jusqu'à lui, et les a complétées par ses observations et ses recherches personnelles ; et, se rapportant aux expériences de laboratoire qui reproduisent en petit le phénomène dont les grands lacs de la Suisse sont le théâtre, a très nettement précisé la cause du phénomène. Cette cause est toujours une impulsion initiale donnée à la masse du lac, soit que cette impulsion agisse directement à la surface de la nappe liquide, soit qu'elle provienne de l'ébranlement de ses parois.

Les causes des seiches sont donc multiples.

Mathématiquement, la surface d'une nappe d'eau est toujours et en tout point normale à la résultante des forces qui agissent sur elle et qui sont l'attraction générale de la terre, l'attraction des masses de montagnes situées au-dessus du niveau de l'eau, celle des couches inégalement denses situées au-dessous de ce niveau, la force centrifuge, conséquence de la rotation de la terre sur son axe, la pente du lac due à l'excès d'eau du côté des affluents et à la sortie de l'eau par l'émissaire du lac, les vents d'orage, enfin et surtout la pression atmosphérique.

La résultante de ces forces, agissant sur chaque point, détermine l'état d'équilibre de la masse liquide. La plupart de ces actions sont constantes et invariables, et de leur fait la surface du lac resterait toujours immobile. La pression atmosphérique et les vents seuls sont variables, et ce sont eux qui constituent, dans la plupart des cas, les causes déterminantes de toutes les dénivellations de la nappe liquide (1).

Toute cause extérieure capable de déterminer en un point ou à un moment donné une rupture de l'état d'équilibre qui maintient la surface du lac à peu près horizontale est donc de nature à produire une dénivellation brusque de l'eau, une intumescence locale ; et cette intumescence se transmet d'un bout à l'autre du lac dans les conditions de vitesse et de

(1) F.-A. Forel. *Les causes des seiches,* op. cit.

4

périodicité qui constituent les ondulations révé.ées par les appareils limnimétriques.

Ainsi l'interruption d'une dépression temporaire par suite de la cessation subite du vent qui l'avait causée, une bourrasque violente, une forte pluie d'orage, la rupture de l'attraction des nuages électriques au moment de la décharge de la foudre, et en général toutes les perturbations violentes, passagères et locales de l'atmosphère sont des causes accidentelles qui peuvent produire des séries d'oscillations très nettement caractérisées ; mais les variations locales de la pression barométrique sont incontestablement les plus fréquentes et peuvent être considérées comme les principales causes du phé-nomène celles que l'on pourrait appeler les « causes normales. »

Il en est d'autres encore qui peuvent agir d'une manière très puissante, quoique tout à fait exceptionnelle. Quiconque a vu dans les montagnes des forêts entières renversées subitement par la terrible commotion qu'on appelle si bien le « vent de l'avalanche » n'aura pas de peine à admettre combien cette effrayante perturbation de l'atmosphère peut avoir d'influence sur la surface d'une grande nappe d'eau voisine (1).

Les éboulements des parois de montagnes sont des accidents trop rares pour pouvoir être comptés parmi les causes normales des seiches régulières ; mais, lorsqu'ils se produisent, ils doivent inévitablement donner lieu à des oscillations extraordinairement accentuées.

L'effondrement d'une montagne, — et le phénomène s'est produit plusieurs fois dans la partie basse du Valais, non loin du lac de Genève, — peut agir sur la masse du lac de deux manières différentes, soit par la chute même de la masse

(1) F.-A. FOREL. *Les causes des seiches*, op. cit.

qui s'effondre dans l'eau, soit par l'ébranlement de l'air, par le « coup de vent » analogue à celui de l'avalanche.

L'histoire a conservé le souvenir de plusieurs de ces éboulements remarquables.

Le 2 septembre 1806, un fragment de la montagne du Rossberg, située en face du Rigi, et qui sépare le canton de Schwyz des lacs de Zug et d'Egeri, se détacha de la masse principale et se précipita dans la vallée à une profondeur de près de mille mètres. La partie de la montagne qui s'était éboulée n'avait pas moins d'une lieue de longueur, 325 mètres de largeur et 35 mètres d'épaisseur. « En deux ou trois minutes, dit le docteur Zay, d'Arth, témoin oculaire de la catastrophe, une des plus belles vallées de la Suisse fut transformée en un affreux désert. Quatre villages entiers, Goldau, Rœthen, Ober et Unter-Busingen, 6 églises, 120 maisons, 200 étables ou chalets, 457 habitants, 225 têtes de bétail (les bêtes qui se trouvaient au pâturage avaient pris la fuite à temps), 3 arpents de terrain, dont un tiers en magnifiques prairies étaient ensevelis, écrasés sous les ruines du Rossberg (1). » Les débris de la montagne furent entraînés jusqu'au lac de Lowerz, dont ils comblèrent l'extrémité orientale. Les effets de cette chute sur le lac furent prodigieux. Les eaux s'élevèrent subitement comme sous l'action d'une violente tempête. La relation officielle de la catastrophe évalue à 150 pieds la hauteur de la vague qui traversa le lac ; passa par-dessus l'île de Schwanau, alla battre la côte de Seewen, revint ensuite sur ses pas et balaya plusieurs fois le lac dans une série de redoutables oscillations.

On attribue à une vague du même genre les ravages causés sur les rives du Léman, l'an 533 de notre ère par l'effondrement du versant nord du Grammont sur lequel était bât

____

(1) D^r ZAY, d'Arth. — *Relation officielle de la destruction de la vallée d'Arth.* — 1806.

l'ancien *castrum Tauredunum* et qui se trouvait à peu près
sur l'emplacement occupé aujourd'hui par le petit village de
Bret, entre la Meillerie et St-Gingolph. Grégoire de Tours et
Marius d'Avenches, qui nous ont donné la description très
détaillée de ce cataclysme, rapportent qu'une vague immense
parcourut le lac, vint se briser contre la rive vaudoise, se
répercuta ensuite sur la rive opposée, détruisant toutes les
habitations littorales dans son mouvement alternatif; que
l'inondation produite par le remous se fit sentir dans le Valais jusqu'à St-Maurice, et que les quais de la ville de Genève furent submergés, ses ponts emportés, ses moulins
anéantis (1).

XVII

On sait que les tremblements de terre, les éruptions des
volcans terrestres ou sous-marins, toutes les brusques trépidations en un mot du mince épiderme solide qui recouvre
notre planète, de quelque nature qu'elles soient, agissent
d'une manière puissante sur la masse des eaux océaniques
et produisent presque toujours de grandes vagues d'oscillation, appelées « ras de marée », que l'on compte à juste titre
parmi les plus terribles catastrophes que l'homme puisse
éprouver.

(1) Gregorii Turonici *Historiæ Francorum libri decem*. Bâle 1568.
Marii *Aventicensis seu Lausonensis episcopi Chronicon*. — *Recueil des historiens des Gaules et de la France*, Dom Bouquet, t. II.
Voir le texte de S. Grégoire de Tours et de Marius d'Avenches dans
notre étude précédente sur « le Rhône Alpestre et le Valais. » — *Bulletin
historique et archéologique du département de Vaucluse et des départements
limitrophes*. Avignon, 1883.
Maurice Champion. *Les inondations en France depuis le VIe siècle jusqu'à
nos jours*. Paris, 1861.

L'histoire des révolutions du globe est malheureusement trop riche à ce sujet.

Le terrible ras de marée qui démolit, en 1586, la ville de Callao, au Pérou, et qui projeta un navire de fort tonnage sur la route de Lima à 16 mètres au dessus du niveau de la mer, n'était qu'une grande vague d'oscillation de 27 mètres de hauteur, due à une trépidation sous-marine.

Le 7 juin 1792, rapporte M. E. Reclus (1), lors du tremblement de terre qui agita la Jamaïque et les mers voisines les vagues se précipitèrent à plusieurs reprises à l'assaut de la ville de Port-Royal, et dans moins d'une demi-heure recouvrirent plus de 2500 maisons d'une couche de 10 mètres d'eau ; les navires furent jetés çà et là dans les terres ; l'un d'eux, la frégate Swan, vint échouer sur les toits de la ville.

Dans le grand tremblement de terre de Lisbonne (1er novembre 1755), un véritable mur d'eau de 17 mètres de hauteur se dressa à l'embouchure du Tage, remplit l'estuaire du fleuve et se précipita sur la ville, qu'il couvrit de ruines.

Le tremblement de terre du 31 mars 1761 quoique beaucoup moins fort que les précédents, dit Arago (2), donna lieu à une semblable agitation de vagues à Lisbonne, à Madère, à Cork en Irlande, sur la côte de Cornouailles, à Bristol, à Amsterdam. La mer s'éleva de 2 mètres cinq fois de suite dans l'espace d'une heure.

M. E. Reclus cite encore, d'après des témoignages authentiques la grande secousse qui a bouleversé les Calabres en 1783, et a donné naissance au terrible ras de marée qui balaya en un clin d'œil toute la plage de Scylla, s'engouffra dans le détroit de Messine, coula dans le port de cette ville tous les navires au mouillage, démolit en partie la rangée des palais qui bordaient le rivage et engloutit plus 12,000 personnes (3).

---

(1) E. RECLUS. *La terre — Les continents* — 4e partie 1868.
(2) F. ARAGO. *Œuvres complètes*, XI, Paris, 1857.
(3) E. RECLUS. *La terre — Les continents*, op. cit.

Le 3 août 1808, une vague de même nature ravagea la ville d'Arica au Pérou.

Plus récemment encore, le 9 mai 1877, sur la côte du Pacifique la ville d'Iquique, fut en partie détruite dans des circonstances tout à fait analogues (1).

Hier enfin, tout l'Archipel de la Sonde, qui a été si souvent le théâtre de commotions violentes, était ébranlé par des éruptions sous-marines et les côtes inondées et ravagées par des ras-de-marée d'une effrayante puissance.

Nous n'avons cité que quelques exemples suffisants pour établir que ces phénomènes se renouvellent malheureusement assez souvent. Dans certains parages même, leur fréquence remplit de terreur les populations littorales ; et les habitants de la Malaisie hollandaise, entre autres, les Japons et les Indiens, qui en ont été si souvent les victimes, les attribuent naïvement aux violents coups de queue de monstres formidables qui viendraient frapper le rivage dans leurs accès de fureur, reproduisant ainsi la légende grecque qui voyait dans ces terribles vibrations du sol et de la mer la manifestation de la puissance de Pluton « l'ébranleur du monde » et de Neptune « l'agitateur des flots ».

XVIII

Il est évident que les trépidations du sol qui agissent avec tant de violence à la surface des grandes mers doivent exercer aussi une influence sensible sur les eaux des lacs et des bassins de moindre importance.

Le 1er mars 1584, lors du tremblement de terre qui agita presque toute la Suisse et une partie des pays voisins, « le lac

(1) F.-A. FOREL. *Les causes des seiches,* op. cit.

Léman fut subitement agité sans le moindre vent et s'élança brusquement dans les terres, de plus de vingt pas (1). »

Le 16 septembre 1660, un autre tremblement de terre suspendit à Genève le cours du Rhône. Le sol, à l'endroit où le fleuve sort du lac, fut soulevé. Une série de flux et de reflux bouleversa la surface du Léman (2).

Le 8 septembre 1601, une commotion de même nature agita la Suisse et les pays voisins. « Le lac, disent les chroniques, fut ému. » A Lucerne, le cours de la Reuss fut interrompu, une partie des eaux rentra dans le lac, et on put pendant quelques instants traverser la rivière à sec (3).

Le 1er septembre 1666, un tremblement de terre agita les rives du lac de Constance. Les eaux s'élevèrent sur la rive de 25 à 30 pieds, et se retirèrent subitement (4).

Le 13 janvier 1729, le canton de Berne fut agité par une commotion analogue ; le lac de Thoune fut aussi « ému », pour nous servir de l'expression pittoresque des chroniques locales, et les bateaux qui le parcouraient furent jetés avec violence contre ses bords (5).

Enfin, lors du fameux tremblement de terre de Lisbonne du 1er novembre 1755, dont nous avons déjà parlé, le Léman éprouva une commotion très sensible du côté de Vevey, à la Tour, à Chillon, à Villeneuve. A trois reprises différentes, les eaux s'élevèrent brusquement et se retirèrent de même. Une barque partie de Vevey et qui voguait à pleines voiles fut subitement arrêtée par le flot. D'autres bateaux furent affalés par le courant sur la côte et ramenés ensuite au large sans pouvoir résister à la force qui les entraînait (6).

---

(1) E. BERTRAND. *Mémoires historiques et physiques sur les tremblements de terre.* La Haye, 1757.
(2) F.-A. FOREL. *Les causes des seiches*, op. cit.
(3) F.-A. FOREL. *Les causes des seiches*, op. cit.
(4) F.-A. FOREL. *Les causes des seiches*, op. cit.
(5) F.-A. FOREL. *Les causes des seiches*, op. cit.
(6) F.-A. FOREL. *Les causes des seiches*, op. cit.

Mêmes phénomènes, mêmes effets à la même heure dans ·les lacs de Nidau, de Brienz, de Thoune, de Seedorf, de Zurich, de Constance, de Wallenstad et dans la plupart des bassins fermés de l'Europe centrale (1).

L'expérience, toutefois, n'a pas encore confirmé que toutes es grandes seiches des lacs soient dues aux trépidations du sol, ni que tous les tremblements de terre donnent inévitablement naissance à des seiches.

On peut, on doit seulement constater que ces mouvements du sol remplissent toutes les conditions pour déterminer cette impulsion initiale éminemment favorable à la production des seiches exceptionnelles ; et, en fait, on a maintes fois constaté que les vibrations de la terre avaient donné lieu presqu'immédiatement à de grandes vibrations de l'eau qui la recouvre.

En résumé les causes les plus évidentes et les plus fréquentes des seiches, celles que l'on peut appeler les causes normales et continues, sont les variations de la pression atmosphérique et les coups de vent d'orage.

Les plus puissantes, quoiqu'intermittentes et ne se produisant qu'à l'état d'accidents fortuits et exceptionnels, sont les tremblements de terre, les avalanches et les éboulements de montagnes.

XIX

Les développements qui précèdent et les nombreux exemples que nous venons de citer permettent de considérer d'une manière générale les grands ras de marée comme la première oscillation et le point de départ d'une série d'oscillations de même nature qui vont en diminuant progressivement.

(1) F.-A, FOREL. *Les causes des seiches,* op. cit.

On est donc conduit tout naturellement à se demander si la surface des grandes mers ne doit pas présenter régulièrement, comme celle des lacs, des vagues de balancement périodique et si, indépendamment des vagues superficielles, des marées luni-solaires, des courants de surface dus aux différences de température, d'évaporation, de salure, etc..., il ne doit pas exister, sur les grandes nappes océaniques, de grandes oscillations analogues à celles qui ont été si méthodiquement constatées et mesurées sur le Léman.

Les observations manquent encore et sont, à la vérité, très difficiles à faire, à cause des actions perturbatrices nombreuses qui empêchent bien souvent de discerner des mouvements aussi délicats. On est cependant déjà en possession de quelques données expérimentales que M. Forel a eu soin de noter avec beaucoup de sagacité et qui pourront être le point de départ de nouvelles recherches plus fructueuses.

Ainsi, en 1843, David Milne eut l'occasion d'observer des phénomènes de balancement tout à fait indépendants des marées ordinaires (1). Pendant un orage qui se produisit sur les côtes d'Angleterre et d'Écosse, il put relever dans un grand nombre de ports du Royaume-Uni des oscillations rhythmiques du niveau de la mer qui durèrent plusieurs jours avec une amplitude de 2 à 3 pieds et une période de 10, 15 ou 20 minutes.

A la même époque à peu près, sir C. Airy, astronome à l'Observatoire royal de Greenwich, avait reconnu sur le tracé du marégraphe de Swansea, à l'entrée du canal de Bristol, de magnifiques oscillations rhythmiques très régulières d'une durée de 20 minutes. En 1872, le même astronome constatait des oscillations de même durée sur le tracé du marégraphe de Malte.

(1) David MILNE. *On a remarquable oscillation of the sea observed at various places on the coasts of Great Britain in the first week of July* 1843. — *Transactions de la Société royale d'Edimbourg.*

M. Forel, de son côté, a relevé des oscillations de plusieurs centimètres d'amplitude sur les courbes d'un grand nombre de marégraphes suffisamment sensibles des différentes mers du globe, et en particulier du marégraphe du Helder en Hollande (1).

Tous ces faits sont jusqu'à présent assez mal coordonnés ; mais ils permettent cependant d'induire qu'il peut exister, dans les grands bassins des mers, des oscillations tout à fait différentes des vagues du vent et de la grande vague produite par la marée, et comparables à celles qui existent à la surface de tous les lacs de la Suisse.

XX

La théorie des seiches pourrait, d'après M. Forel, jeter un jour nouveau sur quelques-uns des courants alternatifs que l'on rencontre dans certains parages de la mer. De ce nombre sont les célèbres courants de l'Euripe, qui ont préoccupé de tout temps les naturalistes et sont restés jusqu'à ce jour sans explication bien satisfaisante. Les observations du jésuite Babin, qui a passé deux années entières, en 1669 et 1670, à Chalcis, pour étudier les curieuses oscillations de la mer dans l'étroit défilé qui sépare l'île d'Eubée de la Grèce, les travaux du vénitien Coronelli (1686) et de Flamand Dapper (1703), ont servi de base à toutes les descriptions modernes et permettent de définir ainsi qu'il suit le curieux phénomène de l'Euripe.

Sous le pont d'Egribos (l'ancienne Chalcis), qui fait communiquer par ses cinq arches et un pont levis l'île de Négrepont (Eubée) avec la Béotie, le détroit de l'Euripe est traversé par des courants très violents, qui marchent d'une

(1) F.-A FOREL. *Seiches et vibrations de la mer*, op. cit.

manière à peu près continue, tantôt vers le Nord, tantôt vers
le Sud, faisant ainsi tourner alternativement dans les deux
sens les grandes roues pendantes de plusieurs moulins à
farine. Or, le régime de ces changements de direction présente deux types essentiellement distincts ; et, pour employer
l'expression consacrée par les meuniers et les riverains de
l'Euripe, le courant est tantôt « réglé », tantôt « déréglé ».
Quand le courant est réglé, il change de direction quatre fois
pendant la durée du jour lunaire qui est de 24 heures 50
minutes ; il présente ainsi deux flux et deux reflux, et on y
reconnaît, de la manière la plus évidente, l'action de la marée
luni-solaire.

Quand le courant est déréglé, il offre par jour 11, 12,
13, 14 marées, quelquefois même un nombre plus considérable, ayant toutes leur flux, leur période d'étale et leur reflux.
La durée de ces marées est donc à peu près d'une heure et
demie et n'a aucun rapport avec celle de la marée luni-solaire
qui est de 6 heures environ.

Pendant les huit premiers jours du mois lunaire, le courant est réglé. Le flux et le reflux se succèdent alors d'une
manière normale, comme dans l'Océan, avec une amplitude
moyenne de 30 centimètres.

Brusquement le courant devient déréglé du neuvième au
treizième jour.

Puis l'ordre reparaît du treizième au vingtième.

Vient ensuite une quatrième et dernière période de cinq
jours, du vingt-unième au vingt-sixième, marquée comme la
seconde, par des alternatives de hautes et de basses mers se
succédant de 10 à 14 fois de suite par 24 heures.'

L'amplitude de ces marées extrêmement rapides est très
variable et peut s'élever jusqu'à 2 pieds (1).

Les géographes, les historiens, les naturalistes, les philosophes classiques, — Strabon, Pomponius Méla, Pline, Sènè-

(1) E. RECLUS. *La Terre*, Ire partie. — *L'Océan*, 1869.

que, etc., — et tous les auteurs et voyageurs modernes se sont contentés de décrire ce curieux phénomène, qu'ils ont considéré comme une anomalie inexplicable. Si l'on en croit une légende un peu apocryphe, le problème de l'Euripe aurait fait le désespoir d'Aristote qui se serait jeté dans les tourbillons de ce bras de mer en s'écriant : « Que l'Euripe me prenne, puisque je ne puis le tenir. » Plus sages que le grand-père de la philosophie, les Musulmans regardent tranquillement monter et descendre l'eau du détroit, tourner de de ci et de là les roues de leurs moulins et, tout en égrenant les boules de leur chapelet, se contentent de dire que ce mouvement rhythmique des flots a été ainsi établi de tout temps pour leur indiquer les différentes heures de la prière.

Toujours est-il que jusqu'à présent aucune explication rationnelle n'a été donnée de ce battement singulier de la mer dans le goulet qui fait communiquer le canal de l'Euripe avec le canal Talanti.

Les remarques faites à ce sujet par M. Forel sont très ingénieuses.

L'éminent professeur de l'Académie de Lausanne fait observer que, si les courants réglés peuvent être considérés comme de simples marées luni-solaires, les courants déréglés présentent un tout autre caractère et sont parfaitement comparables aux seiches du lac Léman et de tous les autres lacs de la Suisse.

Le canal de Talanti, dit-il, qui s'étend au Nord-Ouest de l'Euripe, entre l'Eubée et la Béotie, sur une longueur de 115 kilomètres, jusqu'au fond du golfe de Zilani, forme un bassin presque absolument fermé et parfaitement limité. Ce bassin doit avoir ses seiches aussi bien que le lac Léman ; et ces seiches doivent se faire sentir dans l'Euripe par un flux et un reflux, par des courants alternatifs d'entrée et de sortie (1).

(1) F. A. FOREL. *Le problème de l'Euripe.* (Extrait de *La Nature*, revue des Sciences et de leurs applications aux arts et à l'industrie. Paris 1879.)

Il est d'ailleurs curieux de remarquer que la formule empirique des seiches, dont nous avons parlé plus haut, s'applique parfaitement au canal de Talanti, dans lequel les durées des oscillations dépendent presque mathématiquement de la longueur du bassin et de sa profondeur moyenne. La théorie est séduisante, et rien n'empêche, à défaut de meilleure solution du problème, d'adopter cette ingénieuse interprétation.

XXI

En généralisant ainsi le phénomène des seiches, nous nous sommes beaucoup éloigné du Léman.

Il est temps d'y revenir.

Rappelons une dernière fois, en terminant, que tous les faits observés, toutes les courbes données par les limnimètres enregistreurs concordent à prouver que ces légères oscillations de l'eau qui passent le plus souvent inaperçues au milieu des mouvements plus apparents des vagues ordinaires du vent, sont la manifestation d'un balancement rhythmique du lac dans son ensemble ; que, sous des impulsions diverses, la la masse entière du lac entre en oscillation pendulaire et se balance, des deux côtés d'une ligne nodale médiane, avec un mouvement parfaitement régulier et suivant un rhythme déterminé par les dimensions mêmes du bassin.

Ces oscillations gigantesques dans leur étendue (les seiches longitunales du Léman ont une longueur d'onde de 72 kilom.), quoique d'une amplitude extrêmement faible, dénotent donc dans l'eau des lacs une sensibilité mécanique admirable. Sous des impulsions spéciales, fréquentes et diverses, l'eau réagit avec une netteté et une délicatesse qui dépassent celles de la plupart de nos moyens d'investigation (1).

Il est assez naturel de penser que les lois qui président

(1) F. A. FOREL. *Les seiches, vagues d'oscillation fixe des lacs,* op. cit.

aux grands cataclysmes de l'Océan connus sous le nom de ras de marée, de cyclones etc., bien qu'environnées encore de mystères pour nous, sont de même nature que celles qui provoquent le balancement rhythmique des belles nappes de dimensions limitées comme le Léman.

Il peut donc, il doit même exister des seiches marines, comme il existe des seiches lacustres.

Envisagé dans son ensemble et considérablement agrandi, le phénomène des seiches semble dès lors pouvoir ouvrir un nouvel horizon aux recherches de la météorologie, celle de toutes les sciences qui vit le plus d'observations; et c'est déjà une bonne fortune pour elle et un grand progrès que l'établissement de ces appareils enregistreurs suffisamment sensibles pour noter, d'une manière exacte, continue et parfaitement nette, les vibrations consécutives des grandes masses d'eau et donner ainsi, par voie de retour et d'une manière inattendue, des indications très précises et nouvelles sur l'état des pertubations atmosphériques (1).

XXII

D'après tout ce qui vient d'être dit, on voit que la surface du Léman est dans un état d'instabilité permanente et est influencée à chaque instant par une série d'oscillations à périodes très variées et dues aux causes les plus diverses.

Il semble donc, que pour avoir le véritable niveau de la grande nappe lacustre, il suffirait de prendre la moyenne des observations faites pendant un certain nombre de jours, de mois, ou à la rigueur pendant un temps beaucoup plus considérable. Cela est vrai sans doute avec une approximation très suffisante si on limite la période des observations à un petit nombre d'années. Et c'est ainsi qu'on admet générale-

(1) F. A. FOREL. *Les seiches*, op. cit.

ment que la nappe du Léman, dans ses eaux moyennes, est à 371 m. 70 au dessus du niveau de l'Océan, soit à 372 m. 50 au dessus du niveau moyen de la Méditerranée, mesuré dans le port de Marseille. En prenant pour base le s anciens nivellements faits par les officiers du génie français, la carte fédérale suisse donne à ce niveau une altitude moyenne de 375 m. 3 (1).

Mais, si l'on s'éloigue quelque peu de notre période actuelle, on manque absolument de données certaines. L'un des observateurs les plus savants du lac, M. H. de Saussure, fait remarquer avec beaucoup de raison que, lorsqu'on parle du bassin normal du Léman ou de son niveau moyen, on a trop souvent le tort de considérer le lac comme une sorte de piscine fixe, tandis que ses limites obéissent à la résultante de causes complexes et très variables (2). On ignore d'ailleurs quel était le régime du Léman il y a 2 ou 3 siècles ; et on est assez fondé à croire que les eaux recouvraient alors un espace un peu plus étendu qu'aujourd'hui ; mais sans remonter bien loin dans le passé, il est absolument impossible d'établir d'une manière quelque peu exacte le niveau moyen des hautes eaux dans notre siècle. Car ce n'est qu'à partir de 1790 qu'on possède des documents limnimétriques auxquels on puisse accorder une certaine confiance ; la période d'observation est donc encore beaucoup trop courte pour permettre d'établir une loi.

Les crues du lac, ajoute M. de Saussure, rentrent indirectement dans le domaine de la météorologie ; mais les moyennes en sont moins fixes encore que celles des météores, puisqu'elles peuvent résulter de deux phénomènes opposés au point de vue climatérique : — d'une part, l'abondance des pluies dans les années humides et froides ; — d'autre part, dans les années de sécheresse, la chaleur exceptionnelle qui

(1) F. A. FOREL. *Notice sur l'histoire naturelle du Léman*, op. cit.
(2) H. de SAUSSURE. *La question du lac.* Genève 1880.

active la fonte des glaciers. Ces deux phénomènes d'ailleurs, quoique très dictincts, concourent finalement au même résultat, qui est de faire arriver dans le lac une grande quantité d'eau.

Les lacs de la Suisse, nous l'avons déjà dit, rentrent dans deux catégories dont les caractères sont très différents. La première comprend les lacs de plaine, qui sont plutôt de grands étangs dont les affluents proviennent de collines ou de montagnes moyennes dépourvues de neiges éternelles : tels sont les lacs de Neuchâtel, de Morat, de Brienne, de Zug, dont les rives basses sont souvent recouvertes par des marais tourbeux. Ils ont leur crue principale au printemps, au moment de la fonte des neiges éphémères, et leurs basses eaux en été, pendant les sécheresses ; ils ont, en outre, une deuxième crue en automne, pendant la saison des pluies ; ces crues d'ailleurs sont en général assez peu considérables. Les lacs de Constance, de Wallenstadt, de Zurich, des Quatre Cantons, de Brienz, de Thun, le Léman et les beaux lacs du versant italien des Alpes appartiennent à la seconde catégorie. Ce sont essentiellement des lacs alpins. Ils ont leur grande crue en été, au moment de la débâcle des glaces, lorsque tous les cours d'eau des vallées supérieures se gonflent brusquement et se précipitent en torrents dans les plaines. Ces crues sont soudaines, impétueuses ; elles apportent en peu de temps une masse énorme d'eau dans le réservoir du lac ; et l'écart entre les hautes eaux de l'été et les basses eaux de l'hiver est souvent très considérable. Au Léman cet écart est de 1 m. 40 en moyenne ; au lac Majeur il s'élève à près de 5 mètres.

Différentes circonstances locales peuvent d'ailleurs modifier la nature d'un lac et lui donner en quelque sorte un caractère mixte. Ainsi le lac de Brienne et par suite ceux de Neuchâtel et de Morat ont modifié leur régime et pris, dans une certaine mesure, l'allure de lacs alpins depuis qu'on y a dévié les eaux de l'Ar, qui n'est qu'un grand torrent alimenté par les glaciers des plus hauts sommets des Alpes bernoises. De même le Léman, dont la partie inférieure est encadrée par les derniers contreforts du Jura, participe du caractère des lacs de plaine et présente deux crues très marquées de printemps et d'automne, précédant et suivant régulièrement sa grande crue estivale.

Mais, au demeurant, en le considérant dans son ensemble, le Léman est un véritable lac alpin, et son rôle hydrologique est d'emmaganiser les eaux de fusion des glaciers du Valais. Il doit donc exister nécessairement une relation, d'une part entre le niveau du lac, et de l'autre entre la masse des neiges et des glaces retenues dans les cirques supérieurs des Alpes et la proportion de ces neiges et de ces glaces qui est libérée et entraînée par la fusion estivale dans le grand couloir du Rhône et par suite dans le bassin du Léman.

Or, le régime des glaciers est très variable. Pendant une série d'années on les voit s'accroître et s'avancer d'une manière quelquefois inquiétante ; puis ils s'arrêtent et vient une période de décroissance et de recul. Ces oscillations, dont les lois d'ailleurs ne sont pas encore connues, ont, depuis le commencement du siècle, une durée de 20, 30 et même 40 ans. D'après M. H. de Saussure (1), les glaciers de la chaîne des Alpes n'ont cessé de grandir dans la période de 1820 à 1860, s'avançant toujours dans les vallées, ensevelissant sous leur masse des forêts et menaçant même certains villages. Tant qu'a duré cette marche progressive, ils ont naturellement emmagasiné beaucoup plus d'eau qu'ils n'en rendaient, retenant chaque année, comme de véritables éponges, une grande partie de la condensation atmosphérique.

Les glaciers du Valais, dont la superficie atteint 10,000 hectares environ, n'ont donc versé dans le lac, pendant toute

___

(1) H. H. de SAUSSURE. *La question du lac*, op. cit.

cette période, qu'un volume d'eau bien inférieur à celui qu'ils auraient pu écouler et inférieur à la moyenne.

A partir de 1860 au contraire, le phénomène inverse s'est produit; et les glaciers, en diminuant dans d'énormes proportions, ont rendu la masse liquide qu'ils avaient emmagasinée pendant la période précédente, versant chaque année dans le lac une quantité d'eau supérieure à celle qui provenait de la condensation atmosphérique, des pluies et de l'amoncellement des neiges.

Les grands travaux d'endiguement qui ont été entrepris depuis une vingtaine d'années dans la région du haut Valais ont modifié aussi d'une manière notable le régime de tous les torrents latéraux qui aboutissent au Rhône et du Rhône lui-même. Tous les torrents du Valais supérieur sont aujourd'hui emprisonnés entre deux digues latérales et insubmersibles qui contiennent toutes les eaux d'inondation. On conçoit donc sans peine la rapidité avec laquelle les eaux provenant des grandes débâcles des neiges s'écoulent dans les torrents ainsi encaissés.

Avant que la « correction du Rhône et de ses affluents » présentât la ligne continue de défenses que nous voyons aujourd'hui, les eaux des crues moyennes, et à plus forte raison celles des grandes inondations, débordaient de tous côtés, restaient souvent stagnantes dans les terres riveraines et retardaient ainsi d'une manière très sensible leur arrivée finale dans le bassin du Léman. Pendant des semaines entières la grande route du Valais disparaissait sous les eaux jaunes et boueuses du Rhône ; et les chevaux de poste, baignés jusqu'aux poitrail, n'avaient d'autres guides que les longues perches plantées sur la route. Toute la plaine à droite et à gauche était submergée. Le Valais formait ainsi, pendant les crues, un véritable avant-lac retenant les eaux et ne les laissant s'écouler que peu à peu dans le Léman, dont le niveau par conséquent ne devait s'élever que graduellement, sans brusques secousses, et sans pouvoir atteindre les hauteurs qui résultent de la rapidité avec laquelle les eaux du Rhône se précipitent actuellement dans le lac.

Telle est du moins l'opinion des physiciens de Genève. D'après eux, s'il existe depuis quelques années un léger exhaussement dans le niveau moyen du Léman ou si la période des hautes eaux a une durée un peu plus grande qu'au commencement du siècle ou au siècle dernier, il faut l'attribuer d'une part à la grande fonte des glaciers, de l'autre aux endigue.ments du Rhône valaisan et de tous les torrents qui l'alimentent, — ces deux causes ayant toutes deux pour effet immédiat d'apporter plus rapidement de plus grandes masses d'eau dans le lac.

De leur côté, les hydrauliciens riverains du Léman, ceux du canton de Vaud en particulier, soutiennent aussi que, depuis près d'un siècle, il y a eu un relèvement sensible du niveau du Léman ; mais, contrairement à ceux de Genève, ils se refusent à attribuer ce relèvement à la fonte des glaciers et aux travaux de correction du Rhône. Cette divergence d'opinions a donné lieu depuis quelques années à une polémique scientifique d'autant plus intéressante qu'elle était soutenue de part et d'autre par des adversaires également préparés à la discussion et admirablement au courant de tous les phénomènes hydrologiques du Léman.

La question d'ailleurs est loin d'être récente ; et, dès la fin du XVIIe siècle, les habitants du canton de Vaud se plaignaient d'un exhaussement graduel des eaux du lac. La sortie du Rhône à Genève était alors encombrée par une multitude d'artifices. Deux estacades fermaient le port et complétaient ainsi, du côté du lac, l'enceinte continue des fortifications de la ville. L'estacade intérieure reliait l'île Rousseau avec les deux rives du Rhône. L'estacade extérieure s'étendait depuis la partie de la berge qui marque aujourd'hui l'extrémité de la rue du Mont-Blanc et venait aboutir à la grève transformée depuis par les pelouses et la terrasse du jardin anglais. Ces estacades étaient composées de forts pilotis très rapprochés les uns des autres, reliés entre eux par des chaînes en fer, formant ainsi un véritable barrage qui arrêtait les plus petites embarcations et les obligeait, pour pénétrer dans le port, à s'engager dans des passes ménagées en divers points de la clôture et que l'on pouvait fermer à volonté. Un peu au-dessous, se trouvait une série de clayonnages d'osier en zig-zag assez semblables aux « bourdigues » que l'on établit dans les étangs, les marais et la plupart des canaux du littoral de la Méditerranée. Ces appareils assez compliqués, qu'on appelait des «nançoirs» arrêtaient la marche de tous les poissons du lac qui auraient pu s'échapper par le goulet du Rhône et les conduisaient dans les nasses qui en garnissaient les angles rentrants, et on faisait ainsi quotidiennement et sans peine de magnifiques captures d'anguilles, de truites et de feras.

En aval, les deux bras du Rhône, qui se bifurquent à l'île Rousseau, étaient occupés par de nombreuses usines. Le bras droit en était complètement encombré. Il y en avait sur trois rangs, qui allaient d'une rive à l'autre. Toute une cité industrielle était bâtie sur une véritable forêt de pilotis. Le fleuve passait par dessous, écumant, rapide, avec un grondement de cataracte. C'était une véritable ville lacustre, bruyante, riche, animée, qui émergeait de l'eau. L'ancienne machine des fontaines qui avait été installée en 1713 s'avançait en éperon dans le bras gauche du Rhône. Une digue reliait la tête amont de l'île à la rive gauche, tant pour alimenter l'usine hydraulique, pendant les basses eaux de l'hiver, que pour maintenir dans le port une profondeur suffisante.

Tous ces établissements ont été successivement démolis depuis longtemps ; mais les dessins de l'époque permettent de reconstituer très fidèlement la ville disparue, et de saisir l'ensemble de la physionomie générale de ce quartier du Rhône et du port à la fin du siècle dernier.

On conçoit sans peine que ce luxe de filets et d'engins de toute sorte, cette forêt d'estacades et de pilotis, cet enchevêtrement de maisons et d'usines bâties au travers de l'eau en plein courant du fleuve aient dû frapper vivement l'imagination des riverains du lac et éveiller leur susceptibilité. Dans leur esprit, toutes ces constructions amphibies étaient une entrave à l'écoulement régulier du fleuve et constituaient une sorte de barrage artificiel dont la conséquence était d'arrêter les eaux du lac, de relever son niveau, d'inonder par conséquent les terres riveraines, de corroder les rives et de causer à toutes les propriétés échelonnées le long des berges des dommages considérables.

Cette idée est devenue bientôt une véritable conviction ; et ce ne sont pas seulement les populations riveraines, mais les hydrauliciens les plus distingués du canton de Vaud qui ont cru pouvoir soutenir que, depuis un demi-siècle et demi, le niveau du lac avait été relevé d'une manière assez sensible, et que ce relèvement devait être imputé aux ouvrages établis par la ville de Genève dans le goulet qui constitue le déversoir du trop plein du Léman.

Dès la première moitié du siècle dernier, les Vaudois avaient saisi de leurs doléances les « Illustres, Hauts, Puissants et Souverains Seigneurs de Berne. » « Faudra-t-il, leurs écrivaient-ils pathétiquement, en 1739, que, parce que Messieurs de Genève veulent avoir des machines comme les plus grands monarques, qu'ils veulent tenir des nançoirs pour prendre de la truite toute l'année et faire toutes sortes d'artifices dans le courant du Rhône, plutôt pour la magnificence que pour l'utile; faudra-t-il que, pour cela, toutes les rives du pays de Vaud soient endommagées, nos fiefs anéantis et les pauvres exposants totalement ruinés et obligés de déserter une patrie qui leur est si chère sous votre douce et heureuse domination ? Non,

Souverains Seigneurs, ils espèrent un meilleur sort, etc. (1) ».

Depuis lors les doléances se sont multipliées ; la conviction que le lac avait exhaussé son niveau, que cet exhaussement était le fait des artifices de Genève s'est transmise de génération en génération comme une sorte de legs ; et l'affaire, devenue contentieuse sous le nom de « question du lac », a dû être portée devant la juridiction du gouvernement fédéral.

Notre intention n'est pas, il est à peine besoin de le dire, d'émettre sur cette question délicate un avis personnel, et on comprendra sans peine notre réserve. La cause de l'État de Genève et celle de l'État de Vaud ont donné lieu à des travaux très consciencieux, à des échanges de documents, de rapports, de tableaux limnimétriques, dressés de part et d'autre avec un sincère désir de connaître la vérité (2). Le « pro-

(1) *Supplique aux Illustres, Hauts, Puissants et Souverains Seigneurs de Berne en* 1739 — Voir H. de SAUSSURE, *La question du Lac*, op. cit.

(2) Karl. PESTALOZZI, professeur au Polytechnicum fédéral suisse à Zurich, et C. H. LEGLER, ingénieur en chef des eaux de la Linth à Glaris. —*Rapport au conseil d'Etat du canton de Vaud sur les conditions de l'écoulement du Rhône à Genève et propositions tendant à améliorer cet écoulement et à réaliser l'abaissement des hautes eaux du lac Léman.* Lausanne 1876.

G. RITTER. *Réglementation du niveau du lac Léman et utilisation de la force motrice du Rhône à Genève.* — Genève 1876.

F. A. FOREL. *Contributions à l'étude de la limnimétrie du lac Léman,* I⁰ et II⁰ séries. Lausanne, 1877.

H. de SAUSSURE. *La question du lac,* première série d'article du « Journal de Genève. Genève 1880.

Niveau des eaux du Léman. Réplique de l'Etat de Vaud à la réponse de l'Etat de Genève. Lausanne 1880.

E. PLANTAMOUR. *Remarques sur le rapport présenté au conseil d'Etat du canton de Vaud par MM. Pestalozzi et Legler sur l'écoulement du Rhône à Genève.* Genève 1880.

Niveau des eaux du Léman. Réplique de l'Etat de Genève. Genève 1880.

E. PLANTAMOUR. *Observations limnimétriques faites à Genève de* 1806 *à* 1860. Genève 1881.

ID. *Remarques critiques sur les rapports présentés en* 1881 *au Conseil*

cès du lac » a eu cet avantage de provoquer des études très variées sur le régime des eaux, de mettre en lumière bien des faits historiques depuis longtemps oubliés, d'être en un mot pour l'hydraulique du Léman l'occasion d'études variées, qui constituent une véritable conquête scientifique.

Mais cette polémique est la meilleure preuve des difficultés et des incertitudes inhérentes à la fixation du niveau vrai du lac et démontre surtout de la manière la plus évidente que ce niveau n'est pas fixe, a subi et peut subir encore, sous l'action de causes diverses, bien des variations.

XXIII

Si les savans modernes, aidés de leurs appareils perfectionnés et après plus de vingt ans d'observations consciencieuses, ne peuvent se mettre d'accord sur l'état du niveau actuel, on comprend sans peine la difficulté que l'on éprouve à retrouver les anciens niveaux du lac dans les siècles passés, depuis l'origine de notre période actuelle. Et cependant, il est incontestable que ces niveaux ont dû varier bien souvent et sur une échelle très considérable.

Nous avons décrit dans deux études précédentes l'extension considérable qu'avait atteinte autrefois le glacier du Rhône, recouvrant d'une nappe de glace toute la vallée supérieure et se

d'État du canton de Vaud par MM. Forel, Pestalozzi et Legler sur la question du lac. — Genève 1881.

F. A. FOREL. — *Contributions à l'étude de la limnimétrie du lac Léman.* — V. Série. — Lausanne 1881.

H. de SAUSSURE. — *La question du lac.* (Deuxième série d'articles du « Journal de Genève ») — Genève 1881—1882.

Ch. LENTHERIC. — *Le Rhône primitif.* — 1883.

Id. ID. — *Le Rhône alpestre et le Valais* — 1883.

répandant sur la cuvette du lac de Genève à une hauteur de près de mille mètres. Cet immense fleuve congelé, alimenté par les glaciers latéraux du Valais, s'est peu à peu fondu et retiré par étapes, laissant derrière lui des lignes transversales de moraines qui ont barré la vallée et donné naissance à une série de lacs étagés appelés « lacs morainiques », dont la digue d'aval, encore reconnaissable, est un amoncellement de blocs agglutinés et cimentés par les boues glaciaires. Le lac de Genève est un de ces lacs morainiques, le dernier et le plus grand, cantonné dans le bas fond de l'ancien lit du Rhône. Les lacs Majeur, de Côme et de Garde, dont le trop plein se déverse dans la plaine de la Lombardie, sont aussi des lacs de même nature, établis dans les bas fonds des anciens glaciers du Pô, de l'Adda et du Tessin.

Mais ces lacs ne sont que la réduction et pour ainsi dire les résidus des grands lacs primitifs qui occupaient la vallée; et il est certain que, pendant la longue période de l'âge glaciaire, période qui a eu des mouvements d'oscillation dont le nombre et la durée nous sont inconnus, pendant les âges suivants de l'ère torrentielle, les niveaux de ces lacs ont graduellement baissé, parcourant toute l'échelle intermédiaire depuis le pied de l'ancien glacier jusqu'au niveau actuel.

Les bouleversements du sol, les érosions qu'il a subis, empêchent de reconnaître et de classer chronologiquement ces anciens niveaux. Mais leur dernière station est cependant encore apparente ; et les plages qui datent de la fin des âges glaciaires sont encore très apparentes à 30 et même à 40 mètres sur tout le pourtour du Léman (1).

Il est difficile, pour ne pas dire impossible, de fixer la date

(1) El. Reclus. *Géographie universelle* t. III, I.
A. Morlot. *Bulletin de la Société Vaudoise des Sciences naturelles*, t. IV
A. Favre. *Recherches géologiques.* — Paris 1867.
E. Reclus. *Les cités lacustres de la Suisse.* — Paris 1862.

exacte à laquelle le Léman est descendu au niveau que nous lui voyons aujourd'hui. En matière de géologie, les années s'accumulent par milliers, et on ne peut guère établir que des dates relatives. Toutefois, cette époque n'est pas indéfiniment reculée ; et, d'après les découvertes modernes, elle est ethnographiquement caractérisée par l'existence et la grande extension des populations lacustres.

XXIV

Tout le monde sait dans quelles circonstances heureuses et à la suite de quelles intéressantes explorations les savants modernes ont retrouvé et sont parvenus à reconstituer d'une manière parfaite les mœurs, les coutumes, les demeures, et presque la physionomie des premiers habitants de la Suisse.

Dans le cours de l'hiver de 1853 à 1854, une baisse extraordinaire des eaux du lac de Zurich mit à sec une large grève, qui permit tout d'abord aux riverains de faire des travaux d'endiguement en construisant des levées empierrées en avant de l'ancien rivage ; mais bientôt les ouvriers, en remuant la vase de ces terrains nouvellement émergés, mirent au jour un nombre considérable de pierres noircies par le feu, des morceaux de charbon, des ossements, des poteries, des ustensiles et des armes en pierre et en bronze très variés, le tout entouré d'une véritable forêt de pilotis régulièrement alignés et en général parallèles à la rive. On était évidemment sur l'emplacement d'un ancien village enfoui sous les eaux. Cette découverte fut le point de départ d'une série de fouilles de même nature dans les lits d'alluvions de tous les lacs de la Suisse, de la haute Italie, d'Annecy, du Bourget et dans un grand nombre de rivages lacustres aux embouchures des rivières. Partout on retrouva les mêmes débris, offrant les mêmes caractères, présentant les mêmes traits caractéristiques : pilotis en nombre innombrable, fragments, de poteries, ossements d'animaux, armes en pierre et en métal, souvent des restes humains.

Déjà sur les côtes du Danemark et de la Scanie, on avait signalé depuis quelque temps des amoncellements considérables de coquilles comestibles, dont les dispositions indiquaient clairement que ces dépôts avaient une cause artificielle et ne pouvaient provenir de l'apport des flots. Les habitants du pays les avaient désignés, dès le lendemain de leur découverte sous le nom barbare, mais parfaitement exact de *kjœkkenmœddings* (rebuts de cuisine). Au milieu se trouvaient des pierres, des morceaux d'os et de corne taillés, des poteries grossières faites à la main.

En différents points de la côte de l'Émilie, on a aussi rencontré et appelé du nom de *terramare* des accumulations de cendres, de bois carbonisé, de silex et d'os travaillés, d'ossements d'animaux contenant encore des débris de chair rongée et divers ustensiles rappelant l'industrie des premiers âges et offrant la plus grande analogie avec les kjœkkenmœddings de la Scandinavie.

De même, en Irlande, on désigne depuis longtemps sous le nom de *crannoges* de véritables îles artificielles composées de débris analogues et formés, comme les ruines souslacustres des lacs Suisses, d'un enchevêtrement de pilotis, véritables forteresses de bois remontant aux âges les plus reculés.

Ce ne sont donc pas là des accidents isolés.

Dans toutes les parties de la terre et à toutes les époques de son histoire, l'homme, poussé par les nécessités de sa défense personnelle, par les facilités de la pêche, cédant peut-être à cet irrésistible attrait exercé toujours par les eaux calmes et tranquilles des lacs, a cherché à établir sa demeure au-dessus de ces belles nappes liquides (1).

Hippocrate raconte qu'en Colchide les habitants riverains du Phase élevaient au milieu du fleuve des cabanes de joncs supportées par de grands pieux enfoncés dans la vase, qui s'élevaient au-dessus de la surface des eaux et qu'ils allaient de l'une à l'autre de ces cabanes sur des barques creusées dans un seul tronc d'arbre.

Strabon, après Hippocrate, nous montre Ravenne, ville de création pélagique, située au milieu des marais et bâtie sur pilotis (1). Aujourd'hui encore, les grandes villes des Bataves (Amsterdam, etc.), dans les lagunes de la mer du Nord et celles des Hénètes (*Henetia*, *Venetia*, Vénezia, Venise) dans les lagunes de l'Adriatique, ne sont évidemment que des habitations lacustres, qui ont été plus ou moins reliées à la terre par suite des atterrissements produits par les eaux de la Meuse, du Rhin, de l'Adige et du Pô et où les maisons de briques et les palais de marbre ont pris la place des châlets et des chaumières de l'âge primitif (2).

Ce sont les mêmes procédés qu'ont conservés les pêcheurs russes établis dans les « limans du Volga », que l'on retrouve dans la construction des huttes du Bosphore perchées à des hauteurs diverses sur de longs pieux obliques et croisés comme les rameaux entrelacés d'un arbre, et qui sont pratiqués encore par les Malais et les Chinois sur la côte de Bornéo, à quelque distance du rivage.

On a maintes fois cité le récit détaillé que nous a laissé Hérodote des habitations lacustres des Pœoniens sur les bas fonds du lac Prasias. « Mégabaze, dit le prince des historiens, essaya de soumettre les Pœoniens du lac Prasias, dont les mai-

(1) Académie des Inscriptions et Belles Lettres. 9 nov. 1883.

(2) Dom Devic et dom Vaissette. *Hist. du Languedoc*, t. I, note E. B.

sons étaient construites sur des pieux élevés, enfoncés dans le lac. On posait des planches jointes ensemble. Un pont étroit était le seul passage qui y conduisait. Les habitants plantaient autrefois ces pilotis à frais communs; mais, dans la suite, il fut décidé que chacun d'eux en apporterait trois du mont Orbelus à chaque femme qu'il épouserait. Sur les planches de chaque cabane se trouvait une trappe bien jointe qui conduisait au lac; et, dans la crainte que les enfants ne tombassent par cette ouverture, on les attachait par le pied avec une corde » (1).

Cette description est devenue presque classique et dépeint d'une manière saisissante la physionomie de ces anciennes peuplades de la Thrace, où l'on voit chaque famille ou plutôt chaque femme — car tous les maris en possédaient plusieurs, qu'ils achetaient assez cher comme les Germains (2) — habiter séparément sa chaumière, que l'épouseur construisait lui-même en allant couper dans la forêt voisine de l'Orbelus des pieux qu'il enfonçait ensuite à ses frais dans la vase du lac, ce qui indique déjà l'idée de la propriété individuelle substituée à celle de la propriété collective.

Rien de plus curieux, de plus précis et de plus pittoresque en même temps que ces détails sur ces huttes de bois ou de torchis construites à fleur d'eau sur le plancher du lac et communiquant avec le rivage au moyen d'un pont étroit que l'on repliait à la moindre alerte ; — que ces chevaux et ces bêtes de somme vivant dans l'intimité des gens de services et des enfants, attachés pendant le jour (par le pied avec une corde de chanvre afin d'éviter les accidents ; — que cette trappe glissant dans un châssis, véritable puits ou évier pratiqué dans le plancher de chaque chaumière et s'ouvrant directement sur le lac ; — que cette description des poissons attirés par les

---

(1) HERODOTE, *Terpsichore*, l. 5. c. 16.
(2) HEDODOTE, *Terpsichore*, l. 5., c. 6.

débris de cuisine, comme on les appelle encore en Danemark, et tellement abondants aux abords du village lacustre qu'il suffisait d'y jeter un panier de corde pour l'en retirer rempli ; — que ces bestiaux enfin finissant, ainsi que nous l'affirme l'historien, par manger eux-mêmes de cette nourriture et devenant en quelque sorte troglodytes, en temps de siège au moins, comme le reste des habitants (1).

XXV

L'établissement des habitations sur pilotis n'est donc pas spécial aux lacs de la Suisse ; mais ce qui les caractérise, c'est la très grande ancienneté de ces habitations, leur nombre considérable, et surtout la très longue durée de cette période lacustre qui a directement précédé l'ère de l'Helvétie historique.

Les objets qu'on a retirés de ces cités lacustres tour à tour désignés sous le nom de *palafittes* ou de *ténevières* correspondent à des âges forts différents (2).

On sait, en effet, que la division généralement adoptée pour classer les différentes phases de l'ère préhistorique comprend trois périodes ou âges distincts : l'âge de la pierre éclatée, auquel se rattachent les premiers instruments de silex grossièrement travaillés, puis l'âge de la pierre polie, puis enfin l'âge du bronze. A la fin de l'âge du bronze, on entre dans l'histoire : c'est l'âge de fer qui commence.

Or, dans les palafittes les plus anciens, on n'a guère décou-

(1) Dom DEVIC et Dom VAISSETTE. *Histoire gén. du Languedoc*, l. I, c. XI, note E. B.

(2) F.-A. FOREL. *Les Ténevières des lacs suisses.* Genève, 1879.
E. DESOR. *Les Palafittes ou constructions lacustres du lac de Neuchâtel.* Paris, 1865.

vert que des pierres taillées et des os travaillés, les uns ayant appartenu à des animaux domestiques, [le chien, le porc, le le bœuf, la chèvre, le mouton, le cheval ; les autres, débris de fauves ou d'animaux sauvages qui avaient été capturés ou dépecés pour la nourriture, et dont les peaux étaient employées à divers usages, l'ours brun, le loup, le bison, le blaireau, le chevreuil, le chamois, le castor, le sanglier.

Dans les palafittes plus récents, les objets en pierre taillée sont plus rares, et l'on trouve, en outre, une plus grande proportion d'armes, d'ustensiles en bronze et même en fer.

Dans les uns et les autres, les débris de poterie sont très variés. Pesque tous les vases sont à large panse, d'une fabrication assez grossière, d'une pâte peu homogène, grise ou noire et ne présentant jamais cette belle couleur rouge qui caractérise les fines poteries de toutes les stations gallo-romaines de la région de la Méditerranée.

Ces vases servaient à la conservation des denrées, des fruits et des céréales qui constituaient vraisemblablement les provisions de l'hiver.

En certains endroits, entre autres aux stations du Pont-de-Thielle et de l'île Saint-Pierre, dans lé lac de Neuchâtel, on a recueilli de fort beaux grains de froment, carbonisés comme la tourbe qui les environne, de l'orge, de l'avoine, des pois, des lentilles, des glands (1). On a même retrouvé des pierres circulaires de 60 centimètres de diamètre qui servaient de meules, des pilons en granit ou en grès, des lambeaux d'étoffes de lin, ce qui indique clairement que ces peuplades primitives ne se contentaient pas de la dépouille des animaux et des produits de la chasse et de la pêche, pour se vêtir, se

____

(1) Parmi les débris d'un village lacustre du lac de Constance, M. Lohle a découvert un ancien magasin contenant environ cent mesures d'orge et de froment en grains et en épis. Il a trouvé aussi un véritable pain conservé par la carbonisation et consistant en grains broyés auquel le son adhérait encore. — E. RECLUS. *Les cités lacustres de la Suisse*. Paris, 1862.

nourrir et meubler leurs habitations, et que la culture des céréales et la trituration des grains, qui sont certainement la conquête la plus importante de l'humanité, leur étaient assez familières.

L'énorme quantité de pilotis sur lesquels les villages lacustres étaient construits est une preuve frappante de l'immense labeur accompli et du temps considérable qui a été nécessaire pour établir ces constructions amphibies. Certains villages, en effet, sont élevés sur une véritable forêt de pieux dont le chiffre peut être évalué à plus de quarante mille.

Le nombre des villages est d'ailleurs considérable ; et, depuis le jour où la baisse des eaux du lac de Zurich a permis de reconnaître les premiers vestiges des habitations lacustres, les explorations de MM. Uhlmann, John Schwal, Troyon, Forel, Rey, Desor, pour ne citer que ceux dont les noms sont déjà acquis à la science, ont permis de reconnaître l'existence de plus de deux cents bourgades, quelques-unes très importantes, dans les lacs helvétiques ou limitrophes de la Suisse.

La fabrication des premières armes ou des premiers outils en pierre éclatée ou en pierre polie, dénote l'époque la plus reculée de l'ère anté-historique. La présence des ustensiles et des armes en bronze est l'indice incontestable des derniers âges de cette période, et caractérise l'époque beaucoup plus récente pendant laquelle l'homme à demi-civilisé a commencé à entretenir des relations avec ses voisins et même avec des peuples assez éloignés.

Il est très probable, en effet, que le bronze a été apporté aux populations lacustres par des nations plus avancées, soit par les Étrusques, soit par les races Indo-Européennes, soit par les navigateurs phéniciens qui avaient établi des comptoirs dès le XVᵉ siècle avant notre ère sur toutes les côtes de l'Europe occidentale et avaient même remonté le cours des principaux fleuves de la Méditerranée. Il est donc possible d'établir avec quelque certitude une véritable chronologie archéologique dans les dépôts et les débris retrouvés de l'époque lacustre ; mais le nombre et la variété de ces dépôts est tellement considérable qu'on est conduit à donner à cette époque une très longue durée de siècles. Ce ne peut être d'ailleurs qu'une chronologie relative. La question de savoir à quelle date approximative on doit faire remonter l'établissement des premières bourgades dans les lacs suisses est encore à peu près irrésolue ; et les calculs auxquels on s'est livré à ce sujet ont, il faut en convenir, un grand caractère d'arbitraire (1).

Il n'est pas sans intérêt cependant d'indiquer sommairement la méthode suivie par les naturalistes pour arriver à établir cette sorte de chronologie comparative.

L'un d'eux a essayé de serrer le problème de très près en étudiant avec le plus grand soin le cône de déjection torrentielle de la Tinière qui se jette au fond du Léman, non loin de Villeneuve (2).

Dans les dépôts récents de ce torrent, il a retrouvé à 1^m30 de profondeur environ une série d'antiquités romaines parfaitement authentiques. L'épaisseur du dépôt peut donc donner la mesure exacte du travail d'exhaussement produit par les alluvions de torrent, depuis la période romaine jusqu'à nos jours, c'est-à-dire depuis 1800 à 2000 ans environ. C'est là une date certaine qui peut servir tout d'abord de premier

(1) DE FERRY et ARCELIN. *Chronométrie des berges de la Saône.* — *Matériaux pour l'histoire de l'homme,* III, IV. — *Les gisements archéologiques des bords de la Saône.* Mâcon, 1868.

GILLIÉRON. *Sur l'établissement de l'âge de la pierre entre le lac de Bienne et celui de Neuchâtel.* — *Archives des sciences physiques et naturelles,* t. XII. Genève 1861.

(2) MORLOT. *Une date de chronologie absolue en géologie.* — *Société vaudoise des sciences naturelles.* Genève, 1862.

Dr UHLMANN. *Ueber die Thierreste und Gebisstheile gefunden in den schuttablagerungen der Tinière.* Berne, 1862.

point de repère. Les âges successifs des dépôts inférieurs peuvent dès lors s'en déduire par une sorte d'interpolation ou plutôt d' « extrapolation » analogue à toutes les règles de proportion ; et l'ensemble de ces dépôts constitue en quelque sorte un véritable chronomètre ou, si l'on veut, une échelle graduée qui peut permettre de reconnaître l'âge relatif des instruments en bronze ou en pierre polie trouvés dans ces couches profondes. Les fouilles ont été opérées, les calculs ont été faits. Les premiers ustensiles de l'époque lacustre et les armes en bronze ont été trouvés à la profondeur de 2^m70. Au-dessous, à près de 5 mètres, on a rencontré les outils en pierre polie. On peut donc assez logiquement en déduire pour les âges correspondant aux deux périodes du bronze et de la pierre, les dates respectives de 3000 à 4000 ans et de 5000 à 7000 ans.

Des observations et des calculs analogues ont conduit à donner à la palafitte du Pont-de-Thielle, dans le lac de Neuchâtel, qui correspond à l'âge de la pierre polie, la date de près de 5000 ans avant notre ère.

D'autre part, les calculs faits par M. Troyon, dont les savantes découvertes ont contribué d'une manière toute particulière à agrandir le champ de nos connaissances sur l'époque préhistorique, pour établir l'âge de la palafitte de Chamblon dans les alluvions de l'Orbe, calculs établis sur le comblement de la baie qui sépare l'antique cité gallo-romaine d'Eburodunum du rivage actuel, fixent à 2000 ans environ avant l'ère chrétienne la construction des habitations lacustres de cette partie du lac de Neuchâtel (1).

La marge est assez grande, comme on le voit, et ces chiffres n'ont rien d'absolu.

---

(1) F. TROYON. *Habitations lacustres des temps anciens et modernes.* — *Mémoires et documents de la Société d'histoire de la Suisse romande*, t. XVII. Lausanne, 1860.

6

Ils suffisent cependant pour permettre d'affirmer tout d'abord que l'époque préhistorique n'est pas aussi indéfiniment reculée de nous qu'on pourrait le croire ; ils donnent surtout sur le niveau du lac, à ces époques éloignées, une indication assez précieuse et démontrent d'une manière à peu près irréfutable que ce niveau n'a pas varié d'une manière géologique depuis cinq à six mille ans, et que les anciennes plages qui datent de la fin des âges glaciaires sont bien antérieures à l'époque de l'établissement des habitations lacustres.

XXVI

Le nombre de ces villages ainsi suspendus au-dessus de l'eau était, nous l'avons dit, considérable. Chaque jour la sonde ramène de nouveaux débris ; et cette moisson archéologique est loin d'être terminée. En suivant avec un batelet les rives des lacs alpins, on distingue à chaque instant, à travers l'eau transparente, les longues rangées de pilotis plantés tantôt parallèlement à la côte, tantôt sans ordre apparent. Tout autour, entre les pieux, des poutres carbonisées sont enfoncées dans la vase et dessinent la forme des anciennes plateformes ; des couches successives de roseaux, de branchages, de paille et d'écorce semblent indiquer la forme des toits coniques effondrés. Plus bas se trouvent les pierres du foyer, qui au moment de l'effondrement des huttes sont tombées à pic au dessous de l'endroit qu'elles occupaient jadis ; à côté sont encore les vases d'argile, les armes, les trophées de chasse, les grands bois de cerf et les têtes de taureaux qui constituaient l'antique ameublement ; un peu en dehors, enfin, il n'est pas rare de rencontrer de longs troncs d'arbres creusés qui ont conservé leur ancienne forme de canot.

Dans les cités lacustres parvenues à un assez haut degré de

civilisation on aperçoit des débris d'ustensiles plus variés et d'un travail encore plus perfectionné : des armes en bronze, des couteaux, des faucilles, des meules à moudre et à aiguiser, des aiguilles, des ornements en cristal, des colliers en verre et en jais, des morceaux d'ambre jaune de corail, qui indiquent des relations avec les peuples de la Méditerranée et les riverains de la Baltique, et jusqu'à des jouets d'enfants.

On peut donc différencier assez bien les cités lacustres du premier âge de celles de l'âge le plus rapproché de nous d'après la nature même des débris recueillis. On les distingue aussi d'après l'usure des pilotis ; ceux remontant à la période la plus ancienne, celle de la pierre éclatée ou de la pierre polie, sont rongés par l'eau jusqu'au ras du sol ; ceux au contraire de l'âge plus récent, celui du bronze, ont conservé une saillie d'un mètre en moyenne au dessus du plafond du lac.

On a même pu se rendre compte d'une manière assez exacte du chiffre de la population lacustre. En mesurant les dimensions des cinquante et une bourgades aquatiques correspondantes à l'âge de la pierre et qui étaient connues et classées dès l'année 1860, M. Troyon a cru pouvoir évaluer à plus de 30.000 environ le nombre des habitants des lacs de la Suisse occidentale (1). Pendant la période de bronze, il a relevé dans les lacs 68 bourgades, qui lui permettent de fixer de 42.000 à 43.000 le chiffre des habitants. Depuis lors bien des stations nouvelles ont été découvertes, et on est naturellement conduit à augmenter dans une assez forte proportion ces premières évalutions.

Tout en reconnaissant que les chiffres ne peuvent avoir, eu de pareilles matières, rien d'absolu ni de parfaitement justifié, ils permettent cependant de se faire une idée de l'ani-

---

(1) TROYON, *Habitations lacustres des temps anciens et modernes*, op. cit.

mation toute particulière que devaient présenter les lacs de la Suisse à l'époque préhistorique.

« A travers un passé de trente ou quarante siècles, dit M. Elisée Reclus, dans la fine analyse qu'il a faite des magnifiques travaux de M. Troyon, on peut comprendre quel effet pittoresque devait produire cette agglomération de petites huttes pressées les unes contre les autres au milieu des eaux. Le rivage était désert ; de rares animaux domestiques paissaient seulement dans les clairières herbeuses ; les grands arbres déployaient leurs masses de verdure sur toutes les pentes ; un vaste silence régnait sur la forêt. Sur les flots, au contraire, tout était bruit et mouvement.

La fumée tourbillonnait au dessus des cabanes ; la population s'agitait sur la plate-forme ; les canots allaient et venaient d'un groupe de maisons à l'autre et du village à la rive ; au loin voguaient les bateaux de pêche ou de guerre. L'eau était alors le véritable domaine de l'homme. (1) ».

Ce tableau de genre où l'imagination tient certainement un peu de place emprunte cependant aux découvertes nombreuses et à l'authenticité indiscutable de plusieurs milliers d'engins de l'époque lacustre un certain fonds de vérité.

XXVII

Il est peut être prudent d'être réservé sur les faits qui ont accompagné la disparition de la population lacustre primitive, correspondant à l'âge de la pierre et à l'introduction des races nouvelles correspondant aux âges plus récents du du bronze et du fer.

Certains archéologues croient qu'il est impossible de sup-

(1) EL. RECLUS. — *Les cités lacustres de la Suisse,* op. cit.

poser que les populations primitives de l'âge de la pierre aient pu inventer de toutes pièces la fabrication du bronze sans avoir fait usage pendant un certain temps de ses deux éléments, le cuivre et l'étain. On fait remarquer à ce sujet que dans l'Hindoustan, dans l'Asie centrale, dans certaines parties de l'Amérique, l'âge du bronze n'a pas succédé directement à celui de la pierre et qu'entre les deux, il existe toujours une période de transition, une sorte d'âge intermédiaire, l'âge de cuivre. L'apparition subite de l'alliage des deux métaux constitutifs du bronze, semblerait donc indiquer l'arrivée soudaine d'une race supérieure plus forte, mieux outillée, en un mot plus avancée dans la civiliation.

Or en Suisse, le bronze suit brusquement la pierre, et la période du cuivre seul n'est pas représentée.

Ainsi, dans les eaux de Morges (1), on a découvert trois stations juxtaposées d'âges distincts ; la première, dite « station de l'Eglise », correspond très nettement à l'âge de la pierre, sans aucun mélange avec le bronze ; la seconde, la « station des Roseaux » ; est aussi de l'âge de la pierre, très nettement caractérisée par des outils et des poteries grossières en grès ; mais on 'y trouve déjà une première introduction du bronze représenté par quelques haches et de petites lames en forme de couteaux. La troisième enfin, la « grande cité de Morges » appartient au bel âge du bronze pur, sans aucun mélange d'instruments de pierre.

Dans aucune de ces stations on n'a trouvé d'objets de cuivre. Mais en revanche le bronze est représenté presque partout par de nombreux échantillons, et on a même découvert à Morges un élégant moule de haches en bronze et de véritables fonderies à Echallens, dans le canton de Vaud, et à Dovaine, près de Thonon.

Les explorations habiles et consciencieuses dont le petit lac

---

(1) F. A. FOREL. — *Les Ténevières des lacs suisses*, op. cir.

a été le théâtre depuis quelques années ont permis de reconstituer avec une précision très remarquable les établissements lacustres de l'ancienne Genève et ont démontré une
fois de plus l'importance considérable que ces établissements
avaient prise à l'époque du bronze.

On doit à un archéologue suisse, M. le docteur H. Gosse,
un intéressant relevé des emplacements occupés dans les
eaux du petit lac par les populations assez mal définies comme
race et comme origine qui correspondent aux longs siècles
de la période antéhistorique et que, faute de mieux, on a désignées, quelquefois sous le nom de « Protohelvètes ».

Et tout d'abord il convient de remarquer que les deux rives
du lac et du Rhône étaient reculées de quelques centaines de
pieds, de sorte que le goulet par où s'échappait le fleuve
présentait alors une plus grande largeur que l'étroit défilé
dans lequel il est aujourd'hui contenu. Au lieu d'un couloir
resserré et d'un barrage-déversoir terminal, il existait une
assez belle nappe d'eau à très faible courant qui se prêtait
très bien à la construction d'ouvrages sur pilotis.

L'époque lacustre paraît avoir débuté à Genève simultanément des deux côtés du petit lac par deux modestes établissement de l'âge de la pierre, longtemps séparés l'un de l'autre. Peu à peu ces premières bourgades, établies assez près
de la rive, se sont élargies vers l'intérieur du lac ; et, pendant
l'invasion du bronze, dont on retrouve les objets d'abord
mêlés à ceux de la pierre, elles se sont considérablement rapprochées, et ont fini par se rencontrer tout à fait le long du
banc sous-marin du Travers qui traverse le petit lac entre
Sécheron sur la rive droite et Cologny sur la rive gauche.
Pendant toute la durée de l'époque du bronze, ce mouvement
d'extension s'est accentué ; et le groupe des établissements
lacustres définitivement soudés les uns aux autres a constitué
une seule grande bourgade trilobée qui couvrait, parallèlement aux rives, tout le milieu du petit lac, s'appuyant à

l'amont sur le banc du Travers et se confondant à l'aval avec la pointe supérieure de l'île.

A ce grand ensemble, qui correspond presque entièrement à l'époque du bronze, il faut ajouter un petit établissement de l'âge du fer plus récent, formant en amont, sur le banc même du Travers, une sorte de promontoire avancé de la bourgade lacustre, auquel on arrivait d'ailleurs par un autre établissement qui semble correspondre à une époque de transition. On y retrouve non seulement un mélange d'objets en fer et bronze, mais encore des vestiges importants d'une fonderie et même des débris de pieux régulièrement alignés qui semblent indiquer un ancien pont conduisant à la rive.

Plus récemment et non loin de Genève, on a découvert, dans les eaux de Versoix, une station d'une certaine importance présentant les mêmes dispositions et les mêmes particularités.

Partout, on le voit, la transition de l'âge de la pierre à l'âge du bronze a lieu sans l'intermédiaire d'un âge de cuivre ; et cette lacune a souvent été interprétée comme l'indice de la brusque apparition d'une deuxième race mieux armée que la précédente, qui se serait violemment substituée à elle et l'aurait même complètement anéantie. La fin du premier âge aurait été dès lors marquée, d'après l'opinion de certains archéologues, par des évènements terribles. Deux races se seraient heurtées, et la plus faible aurait été absolument détruite. Les nouveaux venus, plus forts, appartenant vraisemblablement à la race celtique, armés de leurs haches de métal auraient eu facilement raison des premiers lacustres, dont l'outillage de pierre très imparfait n'aurait pu les préserver d'une extermination complète ; et la limite des deux âges aurait été dès lors marquée par l'incendie des bourgades primitives, dont on retrouve les débris carbonisés au fond du lac, et par la construction de nouvelles huttes mieux aménagées et plus en harmonie avec les mœurs relativement civilisées des envahisseurs.

A la distance à laquelle nous sommes des évènements, il est permis de n'accepter ces interprétations que comme d'ingénieuses hypothèses.

Dans un étude récente sur Genève historisque et archéologique (1), M. Galiffe a réfuté avec beaucoup de critique et d'érudition l'engouement un peu irréfléchi avec lequel on s'est plu à accréditer des légendes plus ou moins justifiées sur les villes à origine inconnue qui remontent jusqu'aux temps préhistoriques. Depuis les premières explorations faites dans le lac de Zurich, le champ des conjectures s'est ouvert sur le passé un peu nébuleux de toutes les villes qui ont l'avantage d'être situées près d'un lac quelconque. C'est une mode qui passera, dit-il avec assez de justesse et quelque peu d'ironie, ainsi que bon nombre des conclusions hypothétiques auxquelles les archéologues sont arrivés, dans l'enthousiasme de leurs premières trouvailles, relativement à l'antiquité presque surnaturelle et à la durée des établissements lacustres, aux races distinctes qui répondraient aux trois périodes des âges successifs de la pierre, du bronze et du fer, admis par la science ; aux invasions, aux incendies et aux guerres d'extermination qui, au dire de ces savants, auraient signalé le passage d'un âge à l'autre.

La dernière hypothèse surtout, basée sur des vestiges d'incendie ne lui semble mériter aucune créance. Pour peu qu'on réfléchisse, fait-il observer, qu'il n'existe probablement pas une seule ville bâtie en pierres qui n'ait été depuis cinq siècles entièremeut ou partiellement et à plusieurs reprises la proie des flammes, on doit convenir que la destruction par le feu était tôt ou tard la destinée inévitable de ces amas de bois secs, résineux pour la plupart, qui constituaient une bourgade lacustre. L'incendie mémorable, en 1670, du pont de Genève bâti sur le Rhône ou plutôt sur le lac,

____

(1) J. B. G. GALIFFE, *Genève historique et archéologique.*—Genève 1872.

peut donner une idée assez juste de ce que devait être, aux temps antéhistoriques, un sinistre pareil pour des localités qui ne pouvaient être secourues qu'en bateau ou par l'étroite passerelle, également en bois et souvent très longue qui les reliait à la terre ferme. Aussi les vestiges d'incendie se rencontrent-ils, pour toutes les habitations lacustres presque sans exception, à toutes les phases de chacun des trois âges de la pierre, du bronze et du fer. Il y a plus. En examinant attentivement les produits industriels de ces trois âges, on y reconnaît aisément une homogénéité de forme et une série de gradations lentes et régulières bien difficiles à concilier avec les violentes et tragiques interruptions qui auraient amené un changement brusque dans l'emploi des matières premières. Quant à l'apparation, en plein âge de pierre, d'un métal composé comme le bronze et à la supériorité incontestable de certains objets de cette période, il est très rationnel de l'expliquer, comme nous l'avons déjà dit, par les relations commerciales des peuplades primitives soit avec les Etrusques, soit avec les navigateurs phéniciens, soit même avec des voyageurs isolés de race indo-européenne qui étaient, comme on le sait, en possession des métaux avant leur grande migration sur notre continent (1), c'est-à-dire, en somme, par l'immixtion lente, progressive et pacifique d'une civilisation étrangère et relativement très supérieure, qui peut très bien ne pas s'être imposée par les armes et avoir été plutôt acceptée comme un bienfait et un progrès.

Il est donc assez logique, ajoute M. Galiffe, de repousser l'idée de ces interruptions violentes et de ne voir dans les trois âges classiques de la pierre, du bronze et du fer que les trois phases principales de la civilisation de la race celtique qui occupait alors toute l'Europe centrale et occidentale. Par suite, rien n'empêche d'admettre que la transition entre l'épo-

(1) A. Maury. — *L'homme primitif.* — Paris 1867.

que dite lacustre et celle où l'on a renoncé définitivement à ces constructions aquatiques ne se soit produite insensiblement et n'ait eu lieu aussi tranquillement qu'entre tous les âges précédents ; et cette manière de voir paraît d'autant plus plausible que la plupart des villes, des bourgs et des moindres villages riverains des lacs, sont tous situés vis-à-vis ou tout à fait à proximité de quelque ancien emplacement lacustre encore submergé ou à peine recouvert par de la tourbe, du gravier ou par d'autres atterrissements ; en sorte que la plupart de ces villes ou bourgades, celles au moins dont le nom indique clairement l'origine celtique, ne sont que la continuation sur la terre ferme de toutes ces villes flottantes construites sur pilotis comme de petites Venises à une certaine distance du rivage.

On peut même considérer comme certain que cette période de transition de la bourgade lacustre au village littoral a duré un temps très considérable ; et il est très probable que, pendant une certaine période plus ou moins longue, la cité s'est composée de deux quartiers bien distincts, l'un établi sur la rive, l'autre sur l'eau. Celui-ci a été peu à peu abandonné et a disparu, soit qu'il se soit effondré par vétusté, soit qu'il ait été détruit par une cause violente, et nous en retrouvons les débris au fond du lac.

Les constructions établies sur la rive, au contraire, sont restées et se sont progressivement agrandies et tranformées. Autour d'elles se sont groupées des habitations plus considérables, mieux aménagées, plus en rapport avec les progrès de la civilisation.

Les faits ainsi envisagés présentent un caractère de vraisemblance voisin de la certitude ; et ils conduisent tout naturellement à cette conclusion que le niveau des lacs suisses, du lac Léman en particulier, n'a pas sensiblement varié depuis l'établissement des palafittes.

M. Forel croit même pouvoir démontrer rigoureusement

par l'examen même des débris lacustres dont il a fait une étude très approfondie, que le niveau du lac est resté stationnaire depuis 6 à 7000 ans.

Les poteries et les vases qui correspondent à la période lacustre, observe-t-il, sont tombés à l'eau presque à pic au-dessous du plancher des bourgades construites sur pilotis. Toutes ces poteries ont encore leurs cassures fraîches, leurs arêtes vives et non émoussées ; ce qui prouve qu'elles n'ont pas été roulées par les vagues. Pour être ainsi demeurés en repos pendant de longs siècles dans une couche tranquille, il faut que ces débris soient tombés dans une eau qui n'avait pas moins de 2 mètres de profondeur, et que jamais, depuis qu'ils tapissent le fond du lac, le niveau ne se soit assez abaissé pour que les vagues aient pu les rouler. Or, de nos jours on trouve encore cette hauteur minimum de 2^m00 au-dessus de certaines ruines lacustres ; il est donc certain que le niveau du lac ne s'est pas sensiblement relevé depuis l'époque où ces débris sont tombés à l'eau.

D'autre part, l'observation des milliers de pilotis que les habitants des palafittes enfonçaient dans le sol pour établir leurs demeures semble indiquer que le niveau des eaux ne peut pas davantage s'être abaissé. La longueur de ces pilotis, dit M. Forel, ne dépassait pas un certain maximum, donné d'abord par la grandeur des arbres, ensuite par les moyens mécaniques dont disposaient les hommes de ces époques primitives pour les mettre en œuvre. Il est difficile d'admettre que ces pilotis aient eu plus de 7 mètres. Les têtes des pieux devaient s'élever au moins de 1 mètre au-dessus des hautes eaux de l'été pour que les planchers des huttes ne fussent pas inondés par les vagues ; les pieux eux-mêmes devaient être enfoncés dans le sol à une profondeur variant de 50 centimètres à 1 mètre ; en somme, la longueur du pieu baignée par l'eau depuis le plafond du lac jusqu'au niveau de l'eau devait être à peu près de 5 mètres Or, c'est précisément la profondeur moyenne à laquelle on retrouve aujourd'hui les ruines des bourgades lacustres. Le niveau des eaux ne s'est donc pas sensiblement abaissé (1).

Sans attacher, à ces chiffres une rigueur absolue, il est permis cependant d'en conclure d'une manière générale que la la hauteur moyenne des eaux du lac n'a pas varié d'une manière très appréciable depuis l'origine des temps historiques.

La dernière station de ce niveau qui est dessinée par les terrasses diluviennes qui marquent la fin de l'époque glaciaire est située à 3o mètres environ au-dessus des eaux actuelles.

Depuis lors, le niveau s'est abaissé et il est resté sensiblement stationnaire à la côte de 375 au-dessus du niveau de la mer.

XXVIII

En même temps que le niveau des eaux du lac s'est abaissé depuis l'époque glaciaire, le plafond s'est relevé, ou pour mieux dire, le creux du lac s'est comblé. Il n'en saurait d'ailleurs être autrement, et ce comblement est un phénomène continu que rien ne saurait arrêter. Tous les cours d'eau qui se jettent dans le Léman y apportent des masses plus ou moins considérables de graviers et de matières terreuses. L'eau trouble se purifie rapidement, les limons se déposent au fond, et celle qui sort du lac est d'une limpidité admirable, presque absolue. Tous les touristes connaissent ce magnifique déversoir d'émeraude liquide d'une merveilleuse transpa-

(1) F.-A. FOREL. *Essai de chronologie archéologique.* — *Bulletin de la Société vaudoise des sciences naturelles*, t. X. Lausanne, 1879.

rence qui s'échappe à Genève et qui marque la fin du lac et le commencement du Rhône.

Le Léman est, en somme, un immense bassin de décantation. Les vingt ou trente rivières qui l'alimentent y apportent les produits de l'érosion de leurs vallées. Des torrents comme la Tinière y plongent presque à pic leur cônes de déjections. Des falaises comme celles de la Meillerie et de St-Gingolph y précipitent de temps à autre des blocs de rochers désagrégés. A différentes époques, des éboulements considérables dont le plus terrible a été celui de Tauredunum, dont nous avons parlé plus haut, sont venus remblayer des gouffres situés au pied des rochers. Les moindres cours d'eau, pendant la saison des pluies, à la suite des orages, dans la période de la fonte des neiges, déposent à leur embouchure des quantités considérables de matières meubles et y forment une plage sous-lacustre. L'un d'eux, la Dranse, dont le débit en temps de crue est de 400 mètres par seconde, a donné naissance, sur la côte savoyarde, entre Thonon et Évian, à un véritable delta qui a comblé depuis longtemps l'ancien estuaire du torrent et formé, sur l'alignement général de la rive, une saillie toujours croissante et qui atteindra bientôt trois kilomètres.

Vis-à-vis, sur la côte suisse, deux torrents d'importance beaucoup moindre, l'Aubonne et la Venoge, ont projeté aussi de petites protubérances dont la marche séculaire est cependant assez sensible ; et il est évident qu'au bout d'un certain temps, les deux rives, marchant sans cesse à la rencontre l'une de l'autre à travers le grand lac, formeront d'abord une barre sous-lacustre comme celle qui joint la pointe d'Yvoire à celle de Promenthoux, et finiront ensuite par se rencontrer tout à fait. Ce n'est qu'une question de siècles.

A lui seul, le Rhône est un agent de colmatage et un « remblayeur » plus puissant et plus actif que tous les autres cours d'eau réunis qui se jettent dans le Léman. Il suffit d'ailleurs de jeter les yeux sur une carte du Valais, pour reconnaître à première vue qu'il a d'abord comblé l'ancien lac qui existait de Sion à Martigny ; puis il a rempli de ses dépôts la gorge de Martigny à Saint-Maurice. A partir de la cluse de St-Maurice, il a enfin colmaté le large estuaire qui lui ouvrait l'entrée du Léman, et il continue tous les jours ce grand travail d'atterrissement. C'est à Saint-Maurice que commence aujourd'hui la plaine d'alluvions ; c'était là que se trouvait autrefois l'ancienne rive du lac. Toute la plaine de près de 90 kilomètres carrés qui s'étend de St-Maurice à Villeneuve et au Bouveret était recouverte par les eaux. Peu à peu le le Rhône l'a enrichie de ses alluvions. Grain de sable à grain de sable, il a remblayé toute la partie orientale du lac sur une profondeur qu'il est difficile d'apprécier. Le village de Port-Valais qui est aujourd'hui dans les terres était autrefois, ainsi que son nom semble l'indiquer, sur la berge même du fleuve et du lac. C'était le port d'embarquement du Valais, et il occupait la position correspondante du Bouveret moderne. La petite colline calcaire de St-Triphon, aujourd'hui entourée de prairies, émergeait au milieu du lac, véritable îlot dans le grand lit du Rhône, entouré de tous côtés par les eaux des premiers âges historiques.

Il est impossible, en l'état, de se rendre compte, même approximativement, du nombre des siècles que le fleuve a dû employer pour opérer cette transformation. Le principal élément qu'il faudrait connaître serait le volume même de cet alluvion qui n'a jamais été mesuré et qui nécessiterait de très nombreux sondages. Il est plus facile d'apprécier les empiétements progressifs du delta du Rhône sur le lac, de mesurer le taux de son avancement et par suite d'évaluer le temps nécessaire au fleuve pour transformer la cuvette entière du lac en une plaine d'alluvions comme il a déjà fait de toute la partie supérieure, comprise entre Villeneuve et St-Maurice (1).

(1) DE LA BÈCHE.— *Sur la profondeur de la température du lac de Genève.*

De nombreux observateurs ont essayé de jauger soit le débit total annuel du Rhône, soit son débit moyen pendant la période de l'été où ses eaux sont troubles et ont mesuré ensuite la quantité de matières terreuses contenues dans un mètre cube de cette eau.

Ces déterminations sont, en fait, des opérations fort délicates et sujettes à d'assez grandes chances d'erreur. Mais, en se servant de toutes les données fournies par des expériences nombreuses et suivies, M. Forel croit pouvoir évaluer à 2.500 mètres cubes environ (1) le volume de limon transporté par le fleuve dans un jour pendant les trois mois de l'été. C'est donc en nombre rond 250.000 ou 300,000 mètres cubus environ pendant toute l'année.

Il est difficile de pouvoir connaître, même approximativement, le volume charrié par tous les autres affluents du lac. Celui correspondant aux éboulements et à toutes les érosions accidentelles est encore plus douteux. Ce serait peut-être beaucoup que de lui attribuer une valeur égale au tiers de l'apport du Rhône ; mais on peut très bien supposer que tous ces apports réunis représentent au moins le dixième de celui du Rhône seul.

On connaît mieux la capacité du lac, et les sondages consciencieux de La Bèche permettent de l'évaluer assez exactement à 68.840 millions de mètres cubes.

D'après ces données, on voit que le creux du lac reçoit annuellement un dépôt de 330 à 340 mille mètres de matières

Biblioth, univ. Archives des sciences, physiques et naturelle, t. XII Genève 1817.

F. A. FOREL. — *Essai de chronologie archéologique*, op. cit.

(1) D'après les expériences directes faites à Massongex, près de Bex, une bouteille d'eau contenant 192 grammes d'eau du Rhône en pleine crue du fleuve (août 1869) contient 0.025 grammes de limon, 1.000 grammes contiennent donc 0,130 et 1 mètre cube contient 130 grammes.

(Expériences de M. F. A. Forel).

limoneuses. Les eaux sortant absolument décantées à Genève, le comblement est donc inévitable ; et le calcul le plus simple permet de vérifier qu'il sera terminé d'une manière complète dans 200.000 ans à peu près.

Mais, bien avant cette époque, l'aspect du lac aura changé. Et tout d'abord, ainsi que nous l'avons dit, la saillie du delta de la Dranse s'accentuera; la côte savoyarde s'avancera de plus en plus vers le Nord à la rencontre de la côte suisse ; celle-ci de son côté gagnera vers le Sud. D'autre part, l'étroit défilé du petit lac se rétrécira encore. Le lac se fractionnera donc en plusieurs bassins. La partie situé entre Vevey et la Meillerie sera la première comblée. Avant de disparaître tout à fait, le grand lac présentera donc une succession de petits réservoirs distincts communiquant entre eux par des goulets ou des canaux plus ou moins larges et bordés de riches plaines d'alluvions, que fertiliseront et arroseront les eaux du Rhône communiquant de l'un à l'autre de tous ces bassins. La situation sera en quelque sorte comparable à celle de la délicieuse petite plaine qui sépare les lacs de Thoune et de Brienz, sur une étendue de trois à quatre kilomètres, et qu'on appelle le « Bœdeli ». On sait que ces deux lacs, les plus pittoresques peut-être de l'Oberland, n'en faisaient autrefois qu'un, traversé d'un bout à l'autre par les eaux de l'Aar. Les alluvions de deux rivières latérales, le Lütschine et le Lombach, ont déterminé au milieu du grand lac deux deltas qui se sont avancés progressivement, ont fini par se rencontrer et ont provoqué ainsi la formation d'un isthme formé par les alluvions venues du Sud par la vallée de Lauterbrunnem, du Nord par celle de Hackeren, et au milieu de laquelle serpente l'Aar en baignant les prairies, célèbres aujourd'hui dans le monde des touristes, d'Unterseen et d'Interlaken.

Tel sera le lac de Genève dans quelques centaines de siècles. Le grand travail d'atterrissement continuera ensuite sans relâche. Les derniers bas-fonfs se combleront. Le lac disparaîtra en entier ; et, de même que la vallée supérieure de Sion à Martigny a été comblée, que la gorge de Martigny à St-Maurice a été ensuite recouverte par les dépôts du Rhône, que la corne orientale du Léman entre St-Maurice et Villeneuve a été transformée, à une époque relativement récente, en une plaine d'alluvions, le lac en entier finira par être rempli par des dépôts de même nature et de même origine ; et il ne restera plus de la magnifique nappe d'eau que nous admirons aujourd'hui qu'une grande plaine horizontale, traversée, dans toute sa longueur, par les eaux dormantes du fleuve et sillonnée transversalement par celles de ses affluents latéraux.

Ce n'est donc, ainsi que nous l'avons dit plus haut, qu'une question de siècles.

Le chiffre de 200.000 ans que nous avons formulé ne saurait avoir, on le conçoit sans peine, rien d'absolu. En matière géologique, il ne peut être question de chronologie exacte ; et on peut hardiment accumuler les siècles sans craindre de dépasser les limites de la vraisemblance. Géologiquement parlant, on doit donc envisager cette période de 2.000 siècles comme une époque assez prochaine, que des débâcles imprévues et des catastrophes accidentelles pourront même raccourcir encore d'une manière indéterminée.

Il est donc certain qu'à moins de perturbations générales que l'on ne peut prévoir, l'homme qui a vu un immense manteau de glace recouvrir le bas-fond du Léman sur 1.000 mètres de hauteur, qui a pu, à la sortie de l'époque glaciaire, naviguer sur les eaux du lac alors que son niveau s'élevait à 30 mètres plus haut que le niveau actuel, qui a remonté pendant plusieurs siècles avec ses embarcations jusqu'à la cluse de St-Maurice au pied même des deux contreforts de la Dent du Midi et de la Dent de Morcles, verra successivement la grande nappe du Léman se diviser en plusieurs bassins séparés par des isthmes, assistera à la diminution progressive de ces bassins, à leur comblement définitif et pourra

7

enfin prendre pied sur le lac remblayé et faire de cette petite mer, désormais, comblée par les alluvions, admirablement arrosée par les eaux du Rhône, la plus vaste et la plus fertile plaine de la région des Alpes.

XXIX

De tous les lacs de l'Europe centrale le Léman est certainement le plus connu. Grâce à la rapidité et à la facilité des moyens de transports, il est presque à la porte de Lyon, à quelques heures seulement de Paris et de Marseille. Le caractère cosmopolite de la ville de Genève, dont la banlieue fait presque partie de notre territoire, le voisinage de Ferney et tous les souvenirs qui s'y rattachent, l'annexion de la Savoie, qui a donné à la France toute la côte méridionale du Léman, en ont fait presque un lac français. C'est le point de passage et le séjour obligé, au moins pendant quelques heures, de tous les touristes qui visitent la Suisse, la Savoie et l'Italie. Il n'a certes ni le charme séduisant des lacs de l'Oberland bernois, ni la sombre majesté du lac des Quatre-Cantons, ni la grâce exquise et tout italienne du lac Majeur et du lac de Côme; à vrai dire, si l'on en retranchait la partie profonde qui s'étend de Vevey à Villeneuve, et du Bouveret à la Meillerie, où la nature alpestre commence à se montrer dans sa sévère grandeur, ce ne serait qu'une immense pièce d'eau sans caractère, d'un dessin correct, un simple épanouissement du Rhône à peine digne de fixer l'attention de l'artiste et du voyageur, que bien d'autres merveilles attirent dans la région des Alpes et dans les plaines de la Lombardie.

L'enthousiasme classique de Voltaire et de Rousseau nous paraît donc aujourd'hui et à fort bon droit très exagéré et surtout un peu démodé.

On a presque oublié et il est peut être assez intéressant de rappeler l'épître, assez médiocre du reste, quoique fameuse

dans son temps, dans laquelle l'illustre châtelain de Ferney,
« arrivant dans sa terre des Délices près du lac de Genève»,
a chanté les beautés de « son lac » :

Que tout plaît en ces lieux à mes sens étonnés !
D'un tranquille Océan l'eau pure et transparente
Baigne les bords fleuris de ces champs fortunés ;
D'innombrables coteaux ces champs sont couronnés ;
Bacchus les embellit ; leur insensible pente
Vous conduit par degrés à ces monts sourcilleux
Qui pressent les enfers et qui fendent les cieux.

. . . .

Que le chantre flatteur du tyran des Romains,
L'auteur harmonieux des douces Géorgiques,
Ne vante plus ces lacs et leurs bords magnifiques,
Ces lacs que la nature a creusés de ses mains
    Dans les campagnes italiques.
Mon lac est le premier : c'est sur ses bords heureux
Qu'habite des humains la déesse éternelle,
L'âme des grands travaux, l'objet des nobles vœux
Que tout mortel embrasse, ou désire, ou rappelle,
Qui vit dans tous les cœurs, et dont le nom sacré
Dans les cours des tyrans est tout bas adoré,
La liberté. J'ai vu cette déesse altière,
Avec égalité répandant tous les biens,
Descendre de Morat en habit de guerrière,
Les mains teintes du sang des fiers Autrichiens
    Et de Charles le téméraire.

. . . .

Liberté, Liberté, ton trône est en ces lieux (1):

(1) VOLTAIRE. *Ep. LXXVI. L'auteur arrivant dans sa terre près du lac
de Genève.* Mars 1755.

La description du lac que l'auteur de la nouvelle Héloïse nous a laissée est encore plus singulière et empreinte de ce mauvais goût déclamatoire et de cet esprit de système qui gâte bien souvent les meilleures descriptions des philosophes du XVIII⁰ siècle.

Saint-Preux se promène en bateau avec Madame de Wolmar sur le lac, dans les parages de Clarens ou de Vevey. « Nous avançâmes, dit-il, en pleine eau, nous nous trouvâmes bientôt à plus d'une lieue du rivage. Là, j'expliquais à Julie toutes les parties du superbe horizon qui nous entourait ; je lui montrais de loin les embouchures du Rhône dont l'impétueux cours s'arrête tout à coup au bout d'un quart de lieue, et semble craindre de souiller de ses eaux bourbeuses le cristal azuré du lac ; je lui faisais observer les redans des montagnes, dont les angles correspondants et parallèles forment dans l'espace qui les sépare un lit digne du fleuve qui le remplit.

En l'écartant de nos côtes, j'arrivais à lui faire admirer les riches et charmantes rives du pays de Vaud, où la quantité des villes, l'innombrable foule du peuple, les coteaux verdoyants et parés de toutes parts forment un tableau ravissant ; où la terre, partout cultivée et partout féconde, offre au laboureur, au pâtre, au vigneron le fruit assuré de leurs peines, que ne dévore point l'avide publicain. Puis, lui montrant le Chablais sur la côte opposée, pays non moins favorisé de la nature et qui n'offre pourtant qu'un spectacle de misère, je lui faisais sensiblement distinguer les différents effets de deux gouvernements pour la richesse, le nombre et le bonheur des hommes. C'est ainsi, lui disais-je, que la terre ouvre son sein fertile et prodigue ses trésors aux heureux peuples qui la cultivent pour eux-mêmes. Elle semble sourire et s'animer au doux spectacle de la liberté ; elle aime à nourrir des hommes. Au contraire les tristes masures, la bruyère et les ronces qui couvrent une terre à demi-déserte annoncent de loin qu'un maître absent y domine et qu'elle donne à regret à des esclaves quelques maigres productions dont ils ne profitent pas (1) ».

Saint-Preux eût été beaucoup plus simple, beaucoup plus vrai et peut être-tout aussi intéressant, s'il eût fait ressortir d'une manière nette et saisissante le contraste qui existe entre la rive savoyarde, froide, abrupte et exposée au Nord, avec la côte suisse, qui présente des talus adoucis, et un échaufaudage de collines à faibles pentes régulièrement inclinées vers le lac et réchauffées par le vivifiant soleil du Midi.

La première a conservé, en effet, l'aspect sauvage et grandiose des régions montagneuses. Les cimes sont élevées ; les pentes en général fort raides, souvent inaccessibles à l'homme, sillonnées par des sentiers de chèvres ; et, à part quelques plages basses, quelques estuaires de petites rivières et les abords des villes littorales où toutes les cultures prospèrent, grâce au travail constant de l'homme, l'ensemble de la côte savoyarde présente l'aspect d'une vaste châtaigneraie qui ne manque, d'ailleurs, ni de charme pittoresque ni de réelle grandeur.

La rive vaudoise au contraire, baignée par la lumière et d'un relief beaucoup moins accentué, offre une succession de villas, de jardins de plaisance, de stations hivernales, dominés par une ceinture de vignobles qui font à la fois l'orgueil et la fortune de ses heureux habitants.

Ce n'est ni la liberté, ni la forme du gouvernement qui ont établi ce contraste, c'est la nature et le soleil.

XXX

Le Léman était très connu des anciens. Les nombreux vestiges romains que l'on retrouve sur tout le pourtour du lac,

(1) J. J. ROUSSEAU. *La nouvelle Héloïse*, quatrième partie ; lettre XVII de Saint-Preux à milord Edouard.

principalement sur la rive vaudoise et dans la partie profonde abritée par les petites collines du Jorat contre la bise glacée du Nord, semblent indiquer qu'il existait entre Lausanne et le Bouveret, aux premiers siècles de notre ère, ainsi que de nos jours, des groupes d'habitations de plaisance comme celles qui peuplaient la côte de l'ancienne Provence, la baie de Naples et les rives de ces incomparables lacs de l'Italie septentrionale, qui semblent avoir été créés par la nature pour être le séjour privilégié des heureux de ce monde. Depuis près de vingt siècles la côte Vaudoise est restée, comme celle de la Provence, un lieu de villégiature hivernale. Nous avons vu dans une étude précédente (1) que l'une des grandes routes de l'empire partait de Villeneuve, *Pennelocus*, au fond même du lac, côtoyait la rive jusqu'à Vevey, se bifurquait ensuite d'un côté vers le Nord dans la direction d'Avenches, l'ancienne *Aventicum* celtique, qui était devenue sous le nom d'*Aventia* l'une des villes maîtresses de l'empire, de l'autre vers Genève, qui ouvrait l'entrée de la vallée du Rhône. Une seconde route longeait toute la rive gauche du lac et desservait les petits ports de la côte savoyarde.

Le lac portait déjà depuis longtemps son nom de Léman. C'était le *lacus Lemannus* ou *Lemenna*. Les principaux géographes et les historiens latins, Pomponius Mela, Pline, Lucain, César, Ammien Marcellin lui donnaient le premier de ces deux noms, *lacus Lemannus* (2). Le second vocable

---

(1) Charles LENTHÉRIC. *Les voies antiques de la région du Rhône*. Avignon, 1882.

(2) (*Rhodanus*) *Lemanno lacu acceptus*. MELA II, V.

Rhodanus amnis ex Alpibus se rapiens per Lemannum. PLIN. III, V.

Deseruere cavo tentoria fixa Lemanno. LUCAIN, I, 396.

Lacu Lemano et flumine Rhodano. CÆSAR. Bell. Gall. I, 2; III, 1.

était principalement employé par les géographes grecs, Strabon, Ptolemée, Dion Cassius (1).

Il est assez difficile d'ailleurs de retrouver la racine ou l'interprétation de ce nom de « Léman », qui a été conservé jusqu'à nous.

D'après le témoignage de Festus Avienus (2), l'ancien nom grec du lac aurait été *Accion*, dont l'étymologie nous échappe également. Tout ce que l'on sait c'est que cet ancien nom d'Accion s'èst conservé longtemps dans le surnom donné, sur ses rives, à Jupiter (3); et le savant auteur de la géographie de la Gaule romaine l'a même retrouvé aux extrémités de l'empire sur un monument élevé en Pannonie par Suétrius Sabinus, légat de cette province, en souvenir sans doute d'un séjour antérieur plus ou moins prolongé sur les bords du lac Léman (4).

Les itinéraires classiques désignent le lac sous le nom de la principale ville située à égale distance de ses deux extrémités en face de la plus grande largeur du lac. Cette ville était Lausanne. Le lac s'appelait *lacus Lausonius* ou *Lausonensis* (5). Cette désignation était parfaitement logique et

(1) ἡ Ληµέννα λίµνη, STRAB. IV, VI, 6.
Λεµὰνη, var. Λοεµένη, Λιµένη, Ληµένη, Ληµένη. PTOL. II, X, 3.
Λεµϐάνος, var. Λεµάνος, Λεµµάνος. DIO CASS. XXXIX, 5.
(2)   *inscrit semet dehinc*
      Vastam in paludem, quam vetus mos Græciæ
      Vocitavit Accion.....
FEST. AVIEN. *Ora marit*, 672, 674.
(3) DESJARDINS. *Géographie de la Gaule romaine*, I, 2.
(4)   ·.· IOVI . ACCIONI
      //// RIO . SVETRIVS
      //// NVS . LEG
      // . . . .

      . . . .
E. DESJARDINS. *Monum. epigr. du musée nat. hongrois*, n° 33.

(5) *Lacu Lausonio*, itin. Anton.
Lacus Losanensis. Table de Peutinger. Segm. I. B. 1.

aurait pu sans inconvénient être maintenue. Lausanne est en effet le vrai centre du lac. C'est la seconde ville après Genève, et même pendant un certain temps son importance paraît avoir été prédominante. Un petit ruisseau, le Flon, dont l'ancien nom celtique *Laus* ou *Lauso* paraît avoir servi à désigner la bourgade primitive, probablement située sur les bords mêmes du lac, sépare encore aujourd'hui les différents quartiers de la ville moderne. Cette première bourgade a été complètement balayée par le ras de marée de 563, à la suite de la chute de la montagne de Tauretunum, entre la Meillerie et St-Gingolph. Les habitants s'établirent alors à mi-côte, et c'est là que Marius d'Avenches transporta, dès l'année 580, le siège de son évêché et fonda pour ainsi dire la nouvelle ville, qui s'appela successivement *Lausodunum*, *Lausanum* et enfin *Lausanne*; ville étrange et montueuse, coupée en trois quartiers encore très distincts et que les travaux d'art, les nivellements modernes et le petit chemin de fer qui la réunit au port d'Ouchy sur le lac ont à peine fusionnés depuis une époque relativement récente.

L'évêque, prince du St-Empire, et ses chanoines avaient établi leur résidence sur les hauteurs de la Cité, où tout respirait une atmosphère sacerdotale et était soumis au droit canonique. C'était la ville épiscopale. Par opposition les nobles occupèrent en face la colline du Bourg; ce fut la ville aristocratique, impériale et séculière dont les privilèges étaient appuyés sur le droit germanique. Les quartiers inférieurs de St-Laurent et du Port de la Palud constituaient enfin la ville bourgeoise, active et laborieuse, dont les institutions offrirent pendant longtemps des traces du régime municipal des villes romaines (1).

(1) R. BLANCHET. *Lausanne dès les temps historiques*, 1863.
J. B. G. GALIFFE. *Genève historique et archéologique*, op. cit.

Le « plaid général » qui a réuni, au XIVe siècle seulement, dans une seule institution, les droits et les coutumes de ces trois groupes très tranchés et presque toujours hostiles, n'a pas enlevé aux trois quartiers de la Cité, du Bourg et de St-Laurent leur physionomie distincte. On y retrouve des différences d'origine, de race et de mœurs ; différences qui continuent à se traduire à travers les siècles par des variantes de type et d'accent assez accentuées.

La petite capitale du canton de Vaud est d'ailleurs comme la plupart des principales villes de la Suisse un centre très actif d'études historiques et scientifiques. Dans cet ordre d'idées, ses bibliothèques, ses collections et son académie la placent tout à fait au premier rang, et elle a le droit d'en être non moins fière que du magnifique paysage qui s'étend au pied de sa vieille cathédrale sur la vallée du Rhône, sur les Alpes du Valais et de la Savoie et surtout sur la grande nappe du Léman qui a porté pendant plusieurs siècles son nom, lac de Lausanne, *lacus Lausoniensis*.

XXXI

C'est en réalité Genève qui est, depuis longtemps, la véritable reine du lac. Placée comme Zurich, Lucerne, Constance, dans le couloir rétréci de l'aval, elle donne, comme eux, son nom à tout le bassin, et le Léman s'appelle presque couramment aujourd'hui le « lac de Genève ».

La situation topographique et géographique de Genève à la rencontre de deux vallées importantes, à la sortie du Rhône, au point de convergence des routes qui se dirigent du centre de l'Allemagne sur le midi de la France, a dû de tout temps être recherchée ; et l'origine de la ville remonte très certainement bien au delà de l'époque où elle paraît pour la première fois dans l'histoire écrite.

Nous avons déjà parlé de la bourgade lacustre qui s'avançait assez avant dans les eaux du petit lac, cinq ou six mille ans avant notre ère. La Genève celtique s'est très certainement constituée peu à peu, par une série de constructions littorales, vis-à-vis de l'ancien emplacement lacustre encore submergé ou déjà recouvert par la tourbe, par le gravier ou d'autres atterrissements. Le nom qu'elle porte et dont l'étymologie, quoique fort douteuse, comme tout ce qui touche à l'interprétation des langues primitives, a très certainement une origine celtique (*Gen.*, sortie ? *aven*, rivière ?) semble indiquer que la petite ville bâtie sur la rive n'a été, ainsi qu'on l'a constaté maintes fois, que la continuation, sur la terre ferme et sous le même nom, du groupe d'habitations construites dans l'eau sur pilotis à une certaine distance du rivage.

On doit rattacher aussi aux premiers temps de Genève l'enceinte à peu près circulaire qui couronne le plateau du petit Salève au Sud de la ville actuelle. Ce petit oppidum, dont on voit encore très nettement le mur de circonvallation, le massif central et les portes d'accès, a été quelquefois regardé comme un camp romain ; mais en réalité son origine est beaucoup plus ancienne, et sa construction en revêtements de terre battue et en gros blocs appareillés sans ciment est tout à fait identique à celle de tous ces *erdburgen*, ainsi que les nomment les archéologues allemands, qui étaient des lieux de refuge pour les non-combattants, les femmes, les infirmes, les enfants, le bétail et les provisions, en cas de guerre et d'invasion, pendant la durée assez indéterminée de l'époque gauloise ou celtique (1).

On retrouve assez fréquemment des monuments de même nature au sommet d'un grand nombre de collines couvertes

---

(1) F. KELLER. *Helvetische Denkmaler, I, Castelle und Refugien*. — Mém. de la Société des antiquaires de Zurich, t. XVI.

d'habitations plus récentes, ou de manoirs du moyen-âge, désignés dans le langage populaire sous les dénominations de *château, châtel, châtelet, castellas, châtelard, châtillon, châtelier, etc.*

La topographie ancienne de Genève différait alors d'une manière très notable de celle que nous voyons aujourd'hui. Le temps et surtout les constructions modernes ont modifié profondément le relief du sol. La jonction de l'Arve et du Rhône était autrefois beaucoup plus rapprochée de la ville, et il est aisé de reconnaître que tout le riche territoire, couvert aujourd'hui de jardins, de maisons et de grands établissements publics et qu'on appelle « la plaine de Plain-Palais », n'est qu'un ancien atterrissement de l'Arve, dont les eaux d'inondation, à des époques relativement récentes, sont venues recouvrir leur ancien domaine. Les crues de ce torrent, qui sert d'écoulement à toutes les débâcles du massif du Mont-Blanc et que les pluies et la fonte des neiges gonflent d'une manière effrayante, ont, à plusieurs reprises, arrêté le cours même du Rhône, l'ont forcé à remonter vers le lac et quelquefois même ont fait tourner à rebours les grandes roues pendantes des moulins établis le long des rives à la sortie de Genève (1). Le nom de Plain-Palais, du reste, indique très clairement l'ancienne constitution marécageuse de cette partie des faubourgs de la ville. En rejetant tout de suite l'étymologie assez peu probable de *Palatium*, en souvenir peut être de l'ancien couvent des Dominicains qui existait au confluent du Rhône et de l'Arve, on peut hésiter, — d'une part entre le vieux mot *palus, pali*, pieu, d'où l'on a fait *pal*, si usité dans le langage héraldique et qui rappelle les lignes serrées de pieux de défense établis le long des deux

____

(1) Crues de l'Arve, du 3 décembre 1570, du 21 novembre 1651 et du 10 février 1711. — Voir GALIFFE, op. cit.

rives pour protéger les terres très meubles contre les corro-
sions de l'eau toujours torrentueuse du fleuve et de son fou-
gueux affluent ; — et d'autre part le mot latin *palus*, marais,
si bien approprié à ce terrain fangeux et submersible à chaque crue et qui, pendant d'assez longs siècles, n'a du être
qu'un cloaque assez malsain.

Mais ce n'était pas tout. Et tandis qu'une sorte de marécage couvrait toute la partie Sud du quartier de Plain-Palais,
aujourd'hui presque complètement bâti et tout à fait émergé,
les eaux du Rhône et du lac s'avançaient beaucoup plus au
Nord qu'on ne le voit aujourd'hui et venaient baigner tout
le pied du plateau sur lequel repose la ville haute, depuis
les tranchées de Rive jusqu'au bas de la Cité, de sorte que
l'emplacement de la basse ville actuelle était entièrement
submergé. Cet emplacement n'a été conquis que peu à peu
sur le Rhône et sur le lac dans ces derniers siècles ; et il y a
à peine quatre cents ans que le lac formait, entre la pointe
de Longemale et la rue de la Fusterie, une baie ouverte qui
pénétrait au cœur de la place actuelle du Molard. Il y avait
là un véritable port intérieur avec une sorte de dock et des
quais sur lesquels on débarquait les marchandises qui arri-
vaient par le lac. La magnifique rue du Rhône, qui est devenue la grande artère commerciale de Genève moderne, était
complètement sous l'eau ; mais en revanche le quartier de
Longemale formait un véritable promontoire qui s'avançait
sur le lac, et les vieilles chartes de Genève nous dépeignent
ce quartier comme l'un des mieux habités et des plus recher-
chés dès le XIIIe siècle. Les princes-évêques le préfé-
raient même au quartier central de la ville haute, bien
que celui-ci renfermât, groupés autour de la cathédrale,
le cloître des chanoines, plusieurs églises paroissiales, les bibliothèques, en un mot tous les bâtiments officiels du gouvernement ecclésiastique et civil de la Cité (1).

(1) GALIFFE. *Genève historique et archéologique*, op. cit.

En somme, jusqu'au XIII⁰ siècle, Genève n'a existé que sur la rive gauche du lac et sur la hauteur ; et le pied de la colline occupée par la vieille ville était baigné, d'une part par les eaux du lac et du Rhône, de l'autre par le marécage de l'Arve qui s'étendait en flaque d'eau sur les terrains vagues de Plain-Palais. Les quelques maisons éparses qui se trouvaient au pied de la colline et dont le nombre augmentait chaque jour durent être bâties sur pilotis et furent une véritable conquête sur le Rhône, sur le lac, sur le marais. De là cette désignation très caractéristique de *palustria* donnée à Genève dès le V⁰ siècle et qui pouvait s'appliquer à la fois à la partie occidentale et méridionale de la ville où se trouve Plain-Palais et à tout le quartier moderne autrefois submergé et dont la rue du Rhône est l'artère principale (1).

Le lac et le Rhône, qui n'en faisaient qu'un, creusaient en cet endroit une petite baie très largement ouverte sur le lac, et c'était là vraisemblablement que devait se trouver la porte de l'enceinte du moyen-âge mentionnée dans les actes du XIII⁰ siècle sous le nom de *porta aquaria* qui donnait accès à ce quartier de la Marine, aujourd'hui disparu et complètement remanié (2).

Quant au faubourg St-Gervais, situé sur la rive droite du Rhône ou du lac, de l'autre côté de l'île, il n'a existé qu'à partir du XVI⁰ siècle à l'état de petite annexe de Genève, *minor Geneva* ; mais ce n'est que dans les temps tout à fait modernes, que ce quartier, ainsi que celui des Pâquis, qui n'était autrefois, ainsi que son nom l'indique, *pascua*, qu'une prairie inondée par le lac et un lieu de pâturage, ont été transformés en une ville nouvelle, jeune, aristocratique, bordée de quais magnifiques, peuplée de riches hôtels, admirablement orientés vers le Midi et d'où la vue embrasse à la fois

(1) *Civitas Genevensium idem et palustria.* Reg. Gen. nᵒ 29, B.
(2) *Suprà portam aquariam*, acte de 1258. M. G. XIV, 43, 5.

le Rhône, le lac et la vieille ville de Genève, s'étend sur les deux Salèves, les Voirons et la côte de Savoie et découvre dans le lointain le massif neigeux du Mont-Blanc.

Il est hors de doute que le plateau des tranchées qui marque le sommet de la ville moderne un peu au dessus de la vieille ville du moyen-âge, a été jadis habité par les Romains.. Tout le prouve. La configuration du sol d'une part, et mieux encore le nombre considérable d'objets et de vestiges de l'époque romaine, — murs de fondations, aqueducs, statuettes, ustensiles de toute nature en poterie et en bronze, armes, inscriptions lapidaires, monuments funéraires et monnaies, que les moindres fouilles continuent à mettre au jour (1).

Toutefois on n'a pu retrouver exactement la trace de l'enceinte romaine. On ne peut même affirmer qu'il existât à cette époque un mur de circonvallation continue comme celui de la plupart des villes importantes de l'empire. Peut-être tout se réduisait-il à une acropole qui occupait le sommet de la colline.

Il n'existe presque rien non plus de l'enceinte burgonde, qui a dû être démolie pour servir à la construction de la ville du moyen-âge.

C'est le sort des villes qui prospèrent et grandissent de se transformer sans cesse et de se reconstruire avec les débris des âges précédents. Il ne reste plus rien aujourd'hui de l'ancienne colonie grecque de Marseille et on trouverait à peine à Paris vingt maisons qui datent du moyen-âge.

---

(1) Voir, pour les inscriptions de Genève, SPON, *Histoire de Genève*, t. II, LXXV; *Inscriptions antiques et modernes qui se trouvent à Genève et aux environs*, Genève 1730, et Th. MOMMSEN, *Inscriptiones Helveticæ*, Zurich, 1854, auquel le lecteur devra avoir recours.

Nous ne reproduirons ici que deux de ces inscriptions les plus intéressantes, la première gravée sur un ex-voto, découverte dans les fondations de l'Église St-Pierre et qui se trouve aujourd'hui au musée de la ville. Cet ex-voto avait été érigé sous les consulats de Mucianus et de Fabianus,

XXXII

Nous avons dit que ce n'est que dans les temps relativement modernes que la ville de Genève s'est étendue sur les
deux rives du Rhône et du Léman. Les eaux du fleuve et du
lac formaient autrefois une séparation absolue entre les deux
rives, habitées par des peuples gallo-celtiques parfaitement
distincts.

Les fleuves, les rivières et à plus forte raison les petits

au dieu invincible, génie du lieu, par un soldat de la VIIIᵉ légion, portant le nom de Firmidius Severinus :

```
        DEO . INVICTO
        GENIO.LOCI
        FIRMIDIVS.SE
        VERINVS.MIL
        LEG.VIII AVG.P.F.
        C.C.STIP.XXVI ARM
        EX.VOTO PRO SALVTE
        SVA V.S.L.M.POS///
        MVCIANO GT FABIANO COS
```

Momms.   64
Orell.   275
Amati.   245

La seconde, plus précieuse au point de vue historique et qui donne les
noms des sextumvirs ou décurions de l'époque :

```
        Q. STARDIVS.MACER
        C. STARDIVS.PACATVS
        C. ALBVCIVS.PHILOGENES
        C. STATIVS.ANCHIALVS
        C. NOVELLIVS.AMPHIO
        P. CORNELIVS.AMPHIO
          |||||| VIRI
```

Momms.   92
Grut.   194.8
Spon.   ·15
Orell.   260.63

bras de mer et les lacs étaient en effet considérées autrefois comme les lignes de défense les plus naturelles et les plus difficiles à franchir.

Les limites des grandes circonscriptions politiques et administratives ont donc été presque toujours dans l'ancien temps les fleuves plutôt que les montagnes. On passait plus aisément alors une série de cols hérissés de rochers, recouverts de neiges et bordés de précipices qu'un torrent d'une certaine importance ou un grand cours d'eau. Les relations difficiles, souvent même impossibles entre deux rives distantes à peine de quelques centaines de mètres, étaient fréquentes des deux côtés d'une chaîne escarpée ; et les anciennes divisions des provinces romaines dans cette partie de l'Europe centrale en donnent un exemple saisissant. Dans le bassin même du Rhône, le Valais, le pays de Vaud et le pays de Genève appartenaient à trois provinces différentes. Le Valais, habité par quatre peuples différents, les Vibères, les Séduniens, les Véragres et les Nantuates, avait été réuni, par dessus les Alpes et le Mont-Blanc, à la Maurienne et à la Tarentaise et constituait la province des Alpes Pennines. — Le pays de Vaud et toute la Suisse occidentale, qui étaient occupés par les Helvètes montagnards, avaient été rattachés par dessus la triple chaîne du Jura aux Séquanais et formaient la province désignée sous le nom de Grande Séquanaise, *Maxima Sequanorum*. — Genève enfin, la rive gauche du lac et le Chablais étaient englobés avec les Alpes du Dauphiné et formaient la partie septentrionale de la province viennoise, habitée par les Allobroges et dont Vienne était la métropole (1).

Cette division, on le voit, est absolument contraire à la division par bassins qui a prévalu d'une manière générale dans les temps modernes.

En ce qui concerne Genève, qui aujourd'hui est aussi bien

(1) GALIFFE, op. cit.

assise sur la rive droite que sur la rive gauche du lac, la division territoriale et ethnographique était alors absolument tranchée. La rive gauche était habitée par les Allobroges, qui étaient les véritables aborigènes du pays et occupaient depuis un temps immémorial tout le territoire limité par l'Isère, le Rhône, le Léman et les Alpes, comprenant le Chablais, le Faucigny, le Genèvois, la Savoie et le Dauphiné. Sur la rive droite était établie une autre peuplade d'origine celtique aussi, mais toute différente, qui arrivait des bords du Mein, où elle avait séjourné plusieurs siècles. C'étaient les Helvètes, qui, par rapport aux Allobroges, étaient en fait des nouveau-venus et de véritables barbares et occupaient toutes les montagnes du Jura, les plaines de la rive gauche du Rhin, les Alpes bernoises, l'ancienne Rhétie jusqu'au lac de Constance, la rive droite du Rhône jusqu'à la Cluse, c'est-à-dire jusqu'au fort de l'Écluse actuel.

Cette division a été parfaitement maintenue après la conquête, les Romains ayant pour principe absolu et pour maxime constante, afin de mieux s'assimiler les peuples vaincus ou annexés, de ne rien changer à leurs mœurs, à leurs convenances, à leurs anciennes limites et de les incorporer tout d'une pièce dans le grand ensemble de l'empire, en leur conservant leur individualité et une certaine sorte d'autonomie.

C'est ainsi que pendant les cinq siècles de l'occupation romaine, le Rhône et le lac ont continué à séparer deux provinces distinctes, la grande Séquanaise et la Viennoise, comme ils avaient séparé, au temps de l'indépendance, deux nationalités très nettement définies, les Helvètes et les Allobroges.

Ces deux provinces furent divisées à leur tour en un certain nombre de cités, *civitates*, qui jouissaient de certains privilèges et formaient autant de petits chefs-lieux pour les peuplades groupées fédérativement autour de la métropole.

Genève était l'une de ces cités et était par conséquent qualifiée sous l'empire du titre de *civitas*. Les cités étaient subdivisées à leur tour en cantons, *agri*, qui comprenaient un certain nombre de communes, et cette organisation était tellement bien agencée et d'une ordonnance si bien entendue qu'elle s'est conservée dans l'administration ecclésiastique bien après la chute de l'empire romain et presque jusqu'à nos jours. C'est ainsi que, lorsque le christianisme sortit de sa première période et qu'à la grande époque des martyrs et des confesseurs succèda celle des premiers empereurs chrétiens, ceux-ci s'empressèrent de conserver à l'administration de l'église officielle et triomphante les anciennes divisions territoriales de l'empire et de les faire servir de base à la hiérarchie de ses dignitaires. Les *civitates* furent ainsi naturellement désignées pour devenir des évêchés, dont les titulaires furent les suffragants-nés du chef spirituel de la métropole de toute la province, c'est-à-dire de l'archevêché. La Viennoise eut par suite six grandes circonscriptions ecclésiastiques ou diocèses correspondants aux sept *civitates* de l'empire : St-Jean de Maurienne, Grenoble, Die, Valence, Viviers et enfin Vienne, qui, en sa qualité de chef-lieu de la colonie, fut qualifiée de métropole des Allobroges, *metropolis Allobrogum* et où siégeait l'archevêque métropolitain.

Même organisation dans la province voisine, la grande Séquanaise, dont Besançon resta la métropole ayant pour diocèses suffragants : Lyon, Avenche et Augst, dont les sièges furent transférés plus tard à Belley, à Lausanne et à Bâle.

« En résumé, dit avec raison M. Galiffe, les eaux du lac et du Rhône ont séparé dès les temps les plus reculés les Helvètes des Allobroges. Elles séparèrent même pendant quelque temps la « Province romaine », c'est-à-dire la première portion des Gaules conquise par Rome, de celle qui jusqu'à Jules César était restée indépendante ; ou en d'autres termes

«l'empire romain» de ce qu'on appelait alors «les Barbares».
Même lorsque les Romains eurent reculé jusqu'au delà du
Rhin les bornes de leur immense empire, ils ne changèrent
rien à cet état de choses. Tout au contraire, à chaque nouveau remaniement de leurs possessions, ils appliquèrent le
sage système de conserver autant que possible aux divisions
et aux subdivisions de leurs conquêtes les limites qui exis-
taient déjà entre les nations vaincues et annexées. L'étendue
et les noms des grands gouvernements furent seuls changés.
Les eaux du lac et du Rhône séparèrent ainsi successivement la Narbonnaise de la Belgique, puis la Viennoise de la
grande Séquanaise comme elles avaient séparé jadis les Allobroges des Helvètes. Ce même état de choses ne fut pas
changé davantage lors de l'introduction officielle du christianisme comme religion d'État ; et les circonscriptions ecclésiastiques, grandes ou petites, furent calquées partout, et
surtout dans les Gaules, sur les anciennes circonscriptions
civiles. Les provinces devinrent provinces ecclésiastiques ou
archevêchés ; les circonscriptions inférieures ou cités, *civitates*, des évêchés ; les simples arrondissements, *agri*, des
doyennés ou archiprêtrés ; les communes, *vici*, des paroisses,
etc... Sans doute les degrés inférieurs de cette hiérarchie territoriale restèrent longtemps sur bien des points à l'état de
théorie, avant de passer dans le domaine des faits; mais c'est
sur ces bases que l'institution continua à se développer après
la chute de l'empire romain, et même à travers les profondes
modifications que la féodalité apporta peu à peu dans les circonscriptions politiques et civiles de l'Europe (1). »

(1) J.-B.-G. GALIFFE. — *Genève historique et archéologique*, op. cit.

XXXIII

Il existait cependant un pont entre ces deux territoires si bien divisés. Ce pont était appuyé sur l'île qui continue à séparer le Rhône en deux bras et occupait à peu près l'emplacement de l'ancien pont des Frises. Il a disparu depuis près de vingt siècles et on ignore naturellement comment il était construit. Il est probable qu'il devait consister simplement en une série d'estacades plus ou moins bien reliées avec des bateaux plats assez grossièrement amarrés aux berges du Rhône et de l'île.

C'est pour ainsi dire par son pont que Genève entre dans l'histoire écrite ; et la première mention qui est faite de la ville allobrogique et du pont qui lui permettait de communiquer avec le territoire des Helvètes se trouve dans César (1). Il ressort très clairement du texte latin et du témoignage de tous les historiens postérieurs que le pont ne faisait pas partie de la ville, que celle-ci était établie à quelque distance sur la hauteur, que non seulement toute la ville basse, mais toutes les rues en pente rapide qui y conduisaient sont une création du moyen-âge ; et rien n'empêche dès lors de supposer que le pont était plutôt entre les mains des Helvètes que sous l'autorité des Allobroges.

Quoiqu'il en soit, cet ouvrage est lié à l'un des évènements militaires les plus importants de la conquête des Gaules.

Soixante-trois ans après que les Allobroges avaient été annexés à l'empire romain, l'an de Rome 696 (58 ans avant J.-C.), les Helvètes, qui étaient campés, comme nous l'avons

---

(1) *Extremum oppidum Allobrogum est, proximumque Helvetiorum finibus Geneva ; ex eo oppido pons ad Helvetios pertinet.* — CÉSAR. *Bell. Gall.* I, 6.

dit, sur la rive Nord du Léman, et occupaient le Jura, la rive gauche du Rhin et toute la partie occidentale de la Suisse, se trouvant trop à l'étroit dans leurs montagnes, entraînés sans doute par ce caprice d'aventures et cet attrait invincible qui a toujours poussé les peuples du Nord, de l'Ouest et les guerriers montagnards vers les plaines plus riches et les régions plus tempérées de l'Occident et du Midi, conçurent l'idée d'une émigration en masse dans la Gaule. Ils étaient 260,000 environ. Ils entraînaient en outre avec eux 23,000 Rauraques, 26,000 Tulingiens, 14,000 Latobriges, 32,000 Boïens, en tout près de 360,000 émigrants. Pour s'ôter toute espérance de retour, ils chargèrent sur des chariots leurs femmes, leurs enfants, les vieillards impotents, des vivres pour trois mois et mirent résolument le feu à leurs habitations. Douze villes et plus de 400 villages devinrent ainsi la proie des flammes. Leur objectif était la Gaule et spécialement le pays des Santons (vallée de la Charente, pays de Saintes), où ils comptaient d'abord trouver une existence plus facile et peut-être le moyen de s'étendre de là dans les riches plaines de l'Aquitaine (1).

On sait quel fut le résultat de cette folle équipée. Pour pénétrer en Gaule, le plus aisé était de s'ouvrir un chemin par la Province romaine. Les Helvètes comptaient bien que les Allobroges, leurs voisins, déjà mécontents des Romains, leur laisseraient la liberté du passage. Mais César fit rompre le pont du Rhône, établit le long du fleuve un retranchement, força ainsi les Helvètes à suivre l'étroit défilé qui côtoie la rive droite jusqu'à la Cluse, se mit à leur pour-

(1) CÉSAR. *Bell. Gall.* I, 4 et 5.
TIT. LIV. *Epitome*, 103.
DION. l. 38.
Hist gén. de Languedoc, l. II, LXII.
de GOLBÉRY. *Histoire et description de la Suisse et du Tyrol*. Paris 1838.

suite, les battit en plusieurs rencontres et les cerna enfin à Bibracte (Autun), où ils furent obligés de se rendre à merci. Loin d'abuser de la victoire, César s'empara seulement de leurs chefs qu'il garda comme otages, saisit toutes leurs armes et les renvoya au nombre de cent dix mille dans leur ancienne patrie, leur ordonnant de rebâtir immédiatement leurs bourgades et leurs villages, moyennant quoi il leur rendit le gouvernement de leurs magistrats sous le protectorat de Rome et les déclara désormais amis et alliés de l'empire.

Ce fameux pont du Rhône, dont la rupture fut pour ainsi dire le signal des victoires de César et de ses conquêtes dans la Gaule, a été rompu et transformé bien des fois pendant les guerres de l'invasion germanique et dans les âges si troublés de la féodalité et a été mêlé à toutes les guerres civiles ou extérieures de l'histoire de Genève. On sait d'ailleurs que le pont qui a succédé à celui que César fit détruire était en pierre et que, s'il a été plusieurs fois rompu, les culées et les fondations ont toujours subsisté et servi à réédifier l'ouvrage, après chacune de ses destructions. Il se composait naturellement de deux parties, établies chacune sur l'un des bras du Rhône, et la désignation de « pont du Rhône » s'appliquait non seulement aux deux ponts proprements dits, mais à la rue qui traversait l'île et dont les vieilles chartes nous ont conservé la désignation : *Carreria pontis Rodani, carriera supra pontem Rodani.*

Ce pont plus ou moins ruiné, tantôt par les hommes, tantôt par des inondations ou des cataclysmes, comme celui de l'année 563, dont il a été déjà question plusieurs fois, mais conservant toujours ses vieilles assises romaines, était de temps immémorial couvert de maisons et présentait l'aspect de la plupart des ponts italiens du moyen-âge et en particulier du Rialto de Venise et du Ponte Vecchio de Florence, les deux types les plus pittoresques et les plus connus. Il était fermé à ses deux extrémités par des ponts-levis, et les assises primitives de la construction romaine étaient tellement massives qu'on y avait successivement greffé une série de constructions parasites fondées sur pilotis et qui avaient jusqu'à trois et quatre étages et un nombre assez considérable de tours. Les anciennes arches du pont servaient de caves ou de bassins ; l'eau du Rhône, dont le courant était très violent et qui formait au milieu de l'enchevêtrement des pilotis une série de chutes et de « rapides » était utilisée individuellement par les petits artisans comme force motrice. Plus d'un millier de personnes habitait ainsi sur le fleuve ou sur le lac. On y voyait réunis tous les métiers, surtout ceux qui pouvaient utiliser la force motrice du fleuve : des tanneurs, des chamoiseurs, des distillateurs, des couteliers, des armuriers, des horlogers, des fabricants de poudre à canon. Il y avait en outre sur le pont des cabarets et plusieurs hôtelleries importantes, dont quelques-unes même dont les noms nous sont restés : — la Coupe, la Clef, la Flèche. — étaient très achalandées. Il existait même au milieu de cette population industrielle, entassée dans un si étroit espace et suspendue entre le ciel et l'eau, un assez bon nombre de familles patriciennes, dont les hôtels bâtis avec plus de solidité et de luxe, aux toitures aiguës, et surmontés quelquefois de tours, contrastaient avec la masse des constructions industrielles, qui n'étaient en fait que d'énormes entassements de masures souvent très élevées, surplombant quelquefois sur le fleuve et dissimulant leur légèreté et leur misère par des peintures, des imitations de marbre ou de pierre et des enjolivements de toute nature. Tout ce bariolage formait un quartier original, bruyant, populaire, où le bruit des roues des moulins et des outils de toute sorte se mêlait au grondement de l'eau du Rhône qui se brisait contre les pilotis, s'engouffrait dans les caves, ressortait en bouillonnant à travers les artifices les plus variés. C'était en un mot une petite ville à part, ayant un cachet spécial d'étrangeté, véritablement amphibie et que l'on comparait quelquefois avec assez de justesse à un gros navire ancré dans le port et dont le mât aurait été figuré par la grande tour qui en occupait le centre (1).

Les chroniques locales et les dessins de l'époque qui nous ont laissé la description de l'île nous ont aussi transmis le récit et le tableau de la terrible catastrophe qui transforma en une nuit cette ville flottante en un monceau de ruines fumantes.

Le 17 janvier 1670, à onze heures et demie du soir, le feu éclatait tout à coup sur le pont du Rhône. En un instant l'île devint un immense brasier. Près de deux cents personnes furent ensevelies dans cet effroyable effondrement ; et dans moins de deux heures le lit du fleuve, qui était déjà encombré par les glaces, fut complètement comblé.

XXXIV

Il ne reste plus rien aujourd'hui de l'ancien état des lieux. Des ponts nombreux, de véritables monuments joignent les deux rives du Rhône. L'un d'eux, celui du Mont-Blanc, a près de 300 mètres de longueur, traverse le petit lac et est l'une des plus admirables promenades du monde. La division qui a subsisté depuis l'origine des temps historiques entre les deux côtés n'existe plus qu'à l'état de souvenir historique et archéologique.

Tout le passé de Genève semble avoir disparu depuis près d'un siècle. La ville moderne a absorbé la ville ancienne, qui ne se manifeste que par quelques monuments et quelques vieilles maisons de la cité haute. Ce n'est plus la Rome pro-

(1). GALIFFE, op. cit.

testante du XVIe et du XVIIe siècle. La sombre figure de Calvin y est de plus en plus oubliée, et sa discipline austère, son âpre intolérance ont fait place à des mœurs plus douces, à des goûts de luxe, de civilisation et de plaisirs inconnus des générations précédentes. Les vieilles murailles du moyen-âge ont été détruites ; de riches hôtels, de magnifiques promenades, de larges quais, de somptueux édifices d'utilité publique, des bibliothèques, des musées, un théâtre même et l'un des plus beaux de l'Europe ont pris la place des anciens remparts.

La ville rajeunie s'est ouverte à tous ; et cette heureuse transformation est due, — on peut le reconnaître à son honneur, — à la plus noble et à la plus féconde des causes, à l'intelligente sympathie, on pourrait presque dire au culte qui s'attache à tout ce qui touche à l'étude, à la science et aux choses de l'art et de l'esprit. Pendant près de deux siècles, Genève a marqué au premier rang dans le monde des sciences et des lettres et a marché de pair avec les plus grandes cités pour le nombre de ses hommes d'élite. Ce fut la patrie de Rousseau, d'Horace de Saussure, de Necker, de Sismondi, de Candolle, de Casaubon. Nulle part on n'a eu en plus haute estime le travail, l'étude et surtout l'esprit de discussion, de critique et d'observation. Ce fut la ville des controverses par excellence. Voltaire, qui raillait tout, n'avait pas manqué de relever l'exagération de cette tendance qui a touché bien souvent à la manie, surtout dans les questions philosophiques et religieuses. « On ne parle à Genève, dit-il quelque part, que des supralapsaires, des infralapsaires, des universalistes, de la perception de Dieu différente de sa vision, de la manducation supérieure, de l'inutilité des bonnes œuvres, des querelle des Vigilantius et de Jérôme et autres controverses sublimes nécessaires à la santé et par le moyen desquelles on vit fort à l'aise et on marie avantageusement ses filles ». Le trait ne manque certainement pas de justesse ; et malgré le mouvement des idées modernes, le va-et-vient incessamment des hommes et des choses, Genève a conservé par certains côtés une sorte d'appareil et de mise en scène scientifiques qui semblent rappeler les souvenirs d'un autre âge. Il est juste cependant de constater que c'est une des premières villes du monde pour l'instruction. Ses écoles, ses laboratoires, ses collections sont des modèles que beaucoup de capitales de l'Europe pourraient lui envier. C'est l'un des centres intellectuels où on travaille, où on lit, où on observe, où on écrit surtout le plus sinon le mieux. Tout homme d'études s'y trouve en quelque sorte chez lui. Ses bibliothèques libéralement ouvertes sont de véritables cabinets de travail ; ses nombreuses corporations savantes, ses sociétés de géographie peuvent être citées pour les plus productives de l'Europe, et sa jeune université y occupe déjà depuis quelques années une place très honorable.

Si l'on ôtait aux lettres et aux arts tout ce qu'ils doivent à Genève, ils en souffriraient sans doute d'irréparables pertes ; mais ce sont surtout les sciences physiques et naturelles qui y sont le mieux étudiées et le plus répandues. Le lac a été depuis plusieurs années pour les ingénieurs et les naturalistes génevois un sujet inépuisable de recherches en même temps qu'un immense laboratoire ; et les documents de toute sorte publiés, à Genève même, sur le Léman formeraient presque à eux seuls une véritable bibliothèque.

Le position topographique de Genève, qui tient pour ainsi dire dans ses mains les clefs du lac et qui peut disposer au pied même de ses maisons de l'une des chutes d'eau les plus constantes et les mieux réglées qui soient au monde, lui commandait d'apporter tous ses soins et d'appliquer une solution satisfaisante au double problème incomplètement résolu jusqu'à ces derniers temps et si souvent agité de la régularisation du Léman et de l'utilisation de la force motrice du Rhône.

Après une série d'études techniques et de discussions intéressantes qui n'ont pas duré moins de dix ans, ce travail est aujourd'hui entré dans la voie d'une exécution pratique.

Aucune question n'intéresse d'une manière plus vitale la ville de Genève que l'utilisation de la force considérable que produit le Rhône à la sortie de son lac et la distribution de cette force à domicile. Ce sera inévitablement une révolution économique en même temps qu'un réel bienfait que cette distribution de la force dans une ville industrieuse, où des milliers d'ouvriers de précision sont disséminés à tous les étages de hautes maisons et ont besoin, notamment pour le travail délicat des pièces d'horlogerie, de moteurs très variés d'une faible puissance et d'un maniement facile.

L'étude des divers systèmes de transmission à distance de la force motrice du Rhône a été naturellement mise au concours ; et après avoir étudié les différente modes de cette transmission — canalisation sous une pression plus ou moins forte, air comprimé, transmission par câbles télédynamiques, transport de l'énergie par l'électricité (1), — on a fini par se prononcer en faveur d'une canalisation de l'eau sous pression portant à domicile et sous la main de l'ouvrier la petite force dont il peut avoir besoin, et ayant, en outre, l'avantage, après avoir accompli son travail industriel, de pouvoir contribuer aux usages domestiques, à l'hygiène de la maison et à l'assainissement de la cité.

En 1873, deux éminents hydrauliciens, M. le professeur Pestallozzi et M. Legler, ingénieur de la Linth, avaient été chargés, par le Conseil d'Etat du canton de Vaud, d'une mission officieuse dont l'objet était d'étudier les corrections à apporter à l'écoulement du Rhône pour réaliser la régularisation désirée par les riverains du lac, tout en conservant la

____

(1) *Bulletin de la Société des Ingénieurs civils*. Paris, novembre 1883.

force hydraulique nécessaire au service municipal des eaux de la ville de Genève. Après deux années d'études et d'observations, MM. Pestalozzi et Legler proposèrent comme solution de faire du bras droit du Rhône un canal de libre écoulement, fermé par un barrage mobile que l'on ouvrirait seulement dans la saison des hautes eaux ; et de faire du bras gauche un canal destiné à amener l'eau à des moteurs établis immédiatement à l'aval du pont de la Coulevrenière, qui se trouve à la partie inférieure de l'île. Le barrage actuel de la machine hydraulique aurait été supprimé, le fond du Rhône aurait été creusé et régularisé et on aurait pu disposer ainsi d'une force nette de 3oo chevaux (2).

Ce projet a été adopté dans ses traits généraux, mais il a été considérablement étendu, et les travaux exécutés aujourd'hui par la ville de Genève sous la direction de M. l'ingénieur Turrettini sont échelonnés en plusieurs périodes. Ils comprennent d'abord : l'aménagement du bras gauche du Rhône, qui sera transformé en canal d'amenée et doit distribuer les eaux à une série de turbines ; puis la construction du bâtiment des machines et de ces machines elles-mêmes dont la force sera de 3oo chevaux et qui fonctionneront sous une chute moyenne de 2^m,5o ; puis enfin dans le bras droit du Rhône, à la tête de l'île qui sépare le fleuve en deux, l'établissement d'un barrage de retenue qui permettra de régler le niveau du Léman.

L'extension donnée à ces travaux sera progressive et proportionnée au développement industriel de la ville, qui est encore dans les secrets de l'avenir. On commencera d'abord par distribuer une force de 12 à 13oo chevaux avec une première batterie de turbines ; cette force sera ensuite

(2) A. ACHARD. *Le projet d'utilisation de la force motrice du Rhône à Genève. Schweizerische Bauzeitung*, Zurich, 17 février, 17 mars 1883.
Nouvelles annales de construction. Paris, mars 1884.

portée de 2600 à 2700 chevaux; enfin, lorsque les circonstances l'exigeront, les travaux sont conçus de manière à pouvoir mettre en jeu vingt turbines et utiliser une force nette de 6000 chevaux, tant pour les usages industriels que pour l'alimentation publique et la canalisation intérieure.

Cette entreprise est actuellement en pleine voie d'exécution. Les résultats en seront, il y a lieu de l'espérer, à la hauteur des sacrifices. D'après les prévisions des ingénieurs habiles qui la dirigent, elle doit durer trois ans environ, coûter près de 5 millions, assurer dans des proportions considérables la prospérité industrielle et l'aménagement hydraulique de la ville de Genève et mettre un terme définitif au conflit séculaire qui existait entre elle et son voisin le canton de Vaud.